Berte Bratt

Kleiner Hund und große Liebe

ROMAN

Schneider-Buch

Inhalt

Widmung

Zum erstenmal seit vielen Jahren habe ich ein Buch geschrieben, ohne daß ein kleiner, schwarzer Hund neben meinem Schreibtisch lag.

Als ich dich verloren hatte, Bicky, wurde die Wohnung still und leer. Da hing keine Hundeleine auf dem Haken im Flur, da stand kein Freßnapf in meinem Zimmer und kein Hundekörbchen vor meinem Bett. Und ich ging auf der Straße mit den Händen in den Manteltaschen, ich hatte keinen Hund mehr an der Leine.

Bickylein, du warst kein Rassehund, du warst vielleicht nicht besonders schön oder besonders klug. Aber du warst mein; wir beide gehörten zusammen, wir brauchten einander.

Als du so alt wurdest, daß ich den unsagbar schweren Entschluß fassen mußte, dir die letzte, barmherzige Spritze geben zu lassen, da wußte ich: Wenn ich es wieder fertigbringe, ein Buch zu schreiben, dann werde ich versuchen, etwas von dem Glück einzuflechten, das so ein kleines, treues Tier einem schenkt.

Deinem Andenken widme ich dieses Buch, Bicky.

Geliebter kleiner Kamerad.

Meine Eltern und ich

Als meiner Mutter vor Jahren die erstaunliche Idee kam, ihre Liebesgeschichte zu Papier zu bringen, fing sie folgendermaßen an: „Ich habe drei Vaterländer und weiß nicht, wo ich geboren bin. Ich habe drei Muttersprachen oder jedenfalls zweieinhalb.“

Wer das las, mußte ja neugierig werden. Übrigens stimmte es alles: Mein Großvater war Italiener, meine Großmutter war und ist Norwegerin. Daß Mama nicht weiß, wo sie geboren ist, stimmt auch. Das Ereignis fand nämlich in einem Eisenbahnzug mitten im Simplontunnel statt; und kein Mensch hatte darauf geachtet, ob es auf der italienischen oder auf der schweizerischen Seite geschah. Also hat Mama höchstwahrscheinlich drei Vaterländer: Norwegen, Italien und die Schweiz. Ihre zwei Muttersprachen sind Italienisch und Norwegisch, die halbe Muttersprache ist Französisch, weil sie nämlich während ihrer Jugend immer die Ferien in der französischen Schweiz verbrachte, und weil ihre heißgeliebte Großmutter – die für die ganze Familie nur „grand-mère" ist – gebürtige Französin ist. Ich nenne sie auch grand-mère, obwohl sie eigentlich meine Urgroßmutter ist. Und ich bin auch durch sie und durch all meine Reisen in die Schweiz zu sehr guten französischen Sprachkenntnissen gekommen – zum größten Kummer meines Französischlehrers. Es ist nämlich ein paarmal vorgekommen, daß ich diejenige war, die Bescheid wußte, wenn er unsicher war! Aber wir haben eine nie ausgesprochene, nur stillschweigend getroffene Vereinbarung. Ich behalte mein Wissen für mich und zucke nicht einmal mit der Wimper, wenn ihm ein Fehler unterläuft. Dafür erkennt er die Gründe an, die ich ihm vorbringe, wenn ich – was ab und zu passiert – mittwochs zu spät komme. Mittwochs haben wir nämlich in der ersten Stunde Französisch!

Meine Mutter ist klein, zart und schwarzhaarig. Ich bin groß, kräftig und blond – so wie Papa.

Übrigens, wenn ich es mir überlege: Ich hätte eigentlich den Anfang genauso spannend machen können wie seinerzeit Mama. Nämlich so: „Ich habe zwei Vaterländer und zweieinhalb Muttersprachen. Aber meine eigentliche Muttersprache kann ich nur mangelhaft sprechen."

Nur kann ich nicht – wie Mama – behaupten, daß ich nicht weiß, wo ich geboren bin. Das weiß ich nämlich haargenau. Dieses jedenfalls für mich sehr wesentliche Ereignis fand in einer Klinik in Frankfurt statt. Und es geschah vor siebzehn Jahren.

Wir wohnen noch in Deutschland. So ist es gekommen, daß Deutsch meine Sprache ist. Norwegisch, die Sprache meiner Eltern, kann ich wenig. Aber dafür, wie gesagt, Französisch.

Papa ist Kameramann, Fachgebiet Naturfilme und zwischendurch Werbefilme. Er wandert durchs Leben mit einer bleischweren Kamera über der Schulter, außerdem mit einem überdimensionalen Stativ. Er arbeitet für eine Filmgesellschaft in Frankfurt, deswegen sind wir in Deutschland hängengeblieben, und deswegen fühle ich mich als Deutsche.

Bis zum Alter von neun Jahren war ich ein verhätscheltes Einzelkind. Dann aber kam mein Brüderchen Marcus auf die Welt. Er ist schwarzhaarig wie Mama und hat gerade noch seine Normalgröße, während ich ziemlich viele nicht normale Zentimeter mit mir herumschleppe. Kein Wunder, denn Papa ist ein Riese. Ich behaupte immer, Mama sieht aus, als wäre sie Papa aus der Tasche herausgefallen.

Übrigens, was „Mama" und „Papa" betrifft: Als ich noch klein war, nannte ich sie Mutti und Vati. Das löste aber Proteste bei meiner norwegischen Großmutter aus, ebenso bei meinen Verwandten in der französischen Schweiz. Dann brachte Mama mich dazu, auf „Mama" und „Papa" umzusteigen, die Worte sind international, und so konnte ich mit meinen Eltern überall hinfahren.

Ja, gefahren sind wir, oft und weit. Wir sind mit dem Wagen gefahren, mit dem Schiff, mit dem Flugzeug, mit der Bahn. Jedes Jahr ins Ausland, gewöhnlich nach Norwegen oder in die Schweiz, aber wir sind auch in Österreich gewesen, in Frankreich und in Dänemark. Das viele Reisen führt Papas Beruf mit sich. Er ist andauernd unterwegs; und wenn es möglich ist, die Familie mitzunehmen, tut er es. Wenn er in der Schweiz zu tun hat, werden Mama, Marcus und ich im Dorf Villeverte bei unseren Verwandten einquartiert, und Papa fährt kreuz und quer über Alpenpässe mit seinem Kombiwagen, oder er krabbelt und kraxelt auf die Berge und macht herrliche Tieraufnahmen.

Manchmal darf ich mitkommen, und das liebe ich! Früher war Mama seine Begleiterin und sein Scriptgirl, aber nachdem mein lieber Bruder auf die Welt kam, wurde es schwieriger für Mama, loszukommen. Dann nahm Papa also mich mit. Durch ihn bin ich Naturfreundin und vor allem eine Tierfreundin geworden. Papa ist ein Tiernarr. Diese Eigenschaft habe ich geerbt. Mit fünf Jahren kannte ich den Unterschied zwischen einer Grantgazelle und einer Impala, mit sechs konnte ich einen Jaguar von einem Leoparden unterscheiden, und mit sieben kannte ich die Tragzeiten von Hund und Katze, Kuh, Pferd und Elefant. Den Frankfurter Zoo kannte ich wie meine eigenen Overalltaschen – oder vielleicht noch besser. Der Zoo ist nämlich systematisch geordnet, was bei meinen Taschen durchaus nicht der Fall war!

Meine große Tierliebe konzentrierte sich zu Hause auf meinen Kater Anton und unseren herrlichen Bernhardiner Barry.

Barry und ich waren gleichaltrig. Er war mein Kindermädchen, im Winter war er mein Zugtier. Ich weiß nicht, wem von uns beiden es mehr Spaß machte, wenn Papa ihn anschirrte und vor den Rodelschlitten spannte. Als ich zu groß dafür wurde, war Marcus an der Reihe, gezogen zu werden.

Barry hatte „eine Uhr im Bauch". Er wußte genau, wann er losgehen mußte, um mich an der nächsten Ecke zu treffen, wenn ich aus der Schule kam.

Wie haben wir Barry geliebt!

Er wurde beinahe siebzehn Jahre alt, ein biblisches Alter für einen Hund. Als der Tag kam, an dem meine Eltern sich im Namen der Barmherzigkeit dazu entschließen mußten, Barry die letzte Spritze geben zu lassen, weinten wir alle, sogar Papa. Das heißt, er zog sich zurück in sein Arbeitszimmer und zeigte sich eine Weile nicht. Niemand fragte warum.

Aber jetzt bringe ich die Reihenfolge durcheinander. Das, was ich erzählen wollte, was für meine Zukunft bestimmend wurde, geschah, als ich sechzehn war. Also vor gut einem Jahr, und damals lebte Barry noch.

Also werde ich versuchen, alles in der richtigen Reihenfolge zu erzählen.

Das Haus in der Heide

Es war Frühling. Papa war über alle Berge oder in diesem Fall übers Meer; er drehte nämlich einen Film in Afrika.

Von der lieben Familie im Wallis kamen Briefe mit dringenden

Bitten: Mama müßte doch unbedingt zu grand-mères achtzigstem Geburtstag kommen! An dem Tag durfte ihr einziges Enkelkind nicht fehlen!

Schön und gut, aber was sollte Mama mit mir machen? Ich konnte ja nicht die Schule schwänzen, um einen Geburtstag in der Schweiz zu feiern! Marcus konnte mitfahren, er sollte erst im Herbst zur Schule kommen. Mit Barry ginge es auch. Entweder könnte Mama ihn mitnehmen, oder er konnte bei Tante Elsbeth bleiben – so wie immer, wenn wir in Norwegen waren. Denn dorthin kann man keinen Hund mitbringen, dort gibt es eine monatelange Quarantänezeit.

Es war Tante Elsbeth, die das Problem löste.

Tante Elsbeth war die Besitzerin des Hauses, in dem wir immer gewohnt hatten. Tante Elsbeth hieß Frau von Krohn und war der liebste Mensch, den man sich denken konnte. Anfangs hatte sie – aus lauter Güte und Hilfsbereitschaft – die kleine Einliegerwohnung im Erdgeschoß an Mama und Papa vermietet, als Papa in Frankfurt die Anstellung bekommen hatte und nicht ahnte, woher er eine Wohnung nehmen sollte. Nach ein paar Jahren wurde das Haus umgebaut. Aus den Schlafzimmern im ersten Stock wurde eine reizende Vierzimmerwohnung, und die bekamen wir. Tante Elsbeth war alt geworden, das Treppensteigen wurde ihr zu anstrengend, und sie richtete sich in der Wohnung unten ein. Und im Erdgeschoß bekam nun Papa sein Werbefilm-Atelier und ein Labor; außerdem hatten wir ein Fremdenzimmer. Und da bekam ich auch meine kleine Töpferwerkstatt.

Zwischen Tante Elsbeth und mir bestand eine dicke Freundschaft. Sie war auch die einzige, die meinen Kosenamen aus meiner frühesten Kindheit noch benutzte. Sie nannte mich immer noch Lillepus, das ist Norwegisch und bedeutet „Kleines Kätzchen“ oder „Muschilein“.

Als ich ihr damals von dem Problem mit grand-mères achtzigstem Geburtstag erzählte, war sie es, die – wie gesagt – das Problem löste.

„Hol mal Mama runter, Lillepus“, bat sie.

„Ich weiß nicht, was Sie haben, Frau Bernadette“, sagte sie, als Mama erschien. „Fahren Sie ruhig mit Sohn und Hund in die Schweiz.

Lillepus und der Kater bleiben bei mir!"

„Aber, Frau von Krohn, der Geburtstag ist zwei Tage vor Palmsonntag, und Sie möchten doch bestimmt über Ostern wegfahren!"

„Dann nehme ich Ihr Kind und Ihren Kater mit; wir fahren in die Lüneburger Heide, und Sie können ruhig Ostern bei Ihrer Familie verbringen, Sie brauchen nicht Hals über Kopf zurückzukommen!"

So kam es, daß ich an einem schönen Morgen in dem großen Wagen von Tante Elsbeths Sohn saß, mit Kater Anton auf dem Schoß. Neben mir saß Tante Elsbeths getreue Hausgehilfin, und vorne saß Tante Elsbeth selbst neben ihrem Sohn.

Ich fand es wunderbar und ganz aufregend! Es war meine erste Reise ohne Eltern oder jedenfalls ohne ein Elternteil.

Nach mehrstündiger Fahrt hielt der Wagen vor einem entzückenden Häuschen am Rande eines niedersächsischen Dorfes. Kaum hatten wir das Auto entladen und alles ins Haus gebracht, gingen Anton und ich auf Entdeckungsfahrt. Der kleine Garten vor dem Haus war nur ein Teil des Grundstücks. Hinter dem Haus, von der Straße nicht zu sehen, lag ein großes Gelände mit alten Obstbäumen und mit etwas, das anscheinend einmal ein Gemüsegarten gewesen war. Sonst war nur Rasen da.

Welch ein Auslauf für Barry und Anton, dachte ich. Und als ob Anton denselben Gedanken gehabt hätte, rannte er los, unternahm eine Klettertour auf einen Apfelbaum, kam wieder herunter und machte sich ein fachmännisch gegrabenes Loch für sein Geschäftchen zurecht, begrub dann ebenso fachmännisch das Geleistete, und plötzlich legte er sich auf die Lauer. Wenn er bloß nicht einen Singvogel im Auge hatte! Aber es war eine Feldmaus, die er geschickt fing und mit Genuß verspeiste.

„Wenn der Kater sich nur nicht selbständig macht und auf Nimmerwiedersehen verschwindet!" sagte Udo von Krohn am Mittagstisch. Wir aßen rechtzeitig, da er gleich zurückfahren wollte, um am folgenden Tag mit Frau und Kind zu seinem Ferienhaus am Chiemsee zu fahren.

„O nein!“ versicherte ich. „Anton bleibt da, wo ich bin. Wir haben ihn ja auch in die Schweiz mitgenommen, und er blieb immer bei uns.“

Udo von Krohn lächelte.

„Sag mal, Elaine, wie bist du eigentlich auf den Namen Anton gekommen?“ fragte er. „Ich denke, Katzen heißen immer Muschi oder Miezchen oder so was?“

„Ich weiß nicht“, gestand ich. „Und ich möchte mich nicht jetzt für Ideen verantworten, die ich als Vierjährige hatte! Damals fand ich wohl den Namen Anton wunderschön!“

„Vier Jahre“, wiederholte Tante Elsbeth. „Ich sehe dich noch vor mir, Lillepus, als du damals aus dem Wagen stiegst, mit dem kleinen Kätzchen im Arm – ihr wart an der Nordsee gewesen – und du riefst schon im Gartentor: ‚Guck, Tante Elsbeth, dies ist mein Anton!‘“

„Ja, das weiß ich noch! Anton war ein sozusagen uneheliches Kind von einer feinen Siamkatze. Er ist also wirklich ein halber Siamese!“

„Das sieht man ihm nicht an“, meinte Herr von Krohn. „Er ähnelt wohl mehr seinem unbekannten Vater! Ja, ja, Anton, mach weiter so wie heute, befreie das Haus von Mäusen, von denen haben wir hier mehr, als uns lieb ist!“

Gleich danach brach Udo von Krohn auf. Tante Elsbeth hielt ihr Mittagsschläfchen, und ich trocknete das Geschirr ab, als die Wirtschafterin, Frau Janssen, beim Abwaschen war.

„Eigentlich ist es furchtbar lieb von Tante Elsbeth, daß sie so viele Jahre mit unseren Viechern ausgehalten hat“, sagte ich. „Es gibt genug Hausbesitzer, die keine Tiere im Haus dulden!“

Frau Janssen lächelte. „Dasselbe sagte ich ihr einmal, und weißt du, was sie antwortete? Sie sagte: ‚Erstens bin ich eine Tierfreundin, zweitens möchte ich viel lieber angenehme Mieter mit Tieren als unangenehme ohne Tiere haben, und außerdem ist es eine große Beruhigung für mich, einen so großen und wachsamen Hund wie Barry im Haus zu haben. Ich möchte den Einbrecher sehen, den Barry nicht verscheuchen könnte!‘“

„Ja, da hat sie recht“, meinte ich. „Aber Barry ist jetzt sehr alt, und wir wissen alle, daß er – daß es nicht lange dauern wird, bis – ich meine, bis wir ihn nicht mehr haben . . .“, ich mußte schnell die Augen mit dem Zipfel des Geschirrtuchs abwischen.

Frau Janssen strich mir übers Haar.

„Ja, siehst du, Elaine, wenn man alt wird, muß man eben sterben. Und wenn es mit Barry soweit ist, dann ist es etwas Natürliches, etwas, das für alle Tiere und Menschen gilt. Es wird für euch sehr, sehr traurig sein, aber nicht bitter! Bitter ist es, wenn man ein junges, gesundes Tier töten lassen muß. Aber Barry ist alt, und er hat ein sehr glückliches Leben gehabt. Das darfst du nicht vergessen. Und dasselbe ist es ja mit Anton. Du warst damals vier – dann ist Anton heute zwölf Jahre! Und ein so tüchtiger Mäusejäger! Respekt!“

Da mußte ich lachen, und als der tapfere Mäusejäger vor der Tür miaute und nachher aus alter Gewohnheit auf meine Schulter sprang, stellte Frau Janssen ihm ein Schälchen Milch hin, und ich öffnete eine Dose des mitgebrachten Katzenfutters. Lieber, guter alter Anton! Ihn würde ich auch nicht mehr allzu lange behalten können. Höchstens noch drei, vier Jahre.

Nein, ich wollte nicht daran denken! Nur jeden Tag genießen, der mir noch mit den geliebten Viechern vergönnt war!

Als ich am Abend ins Bett gekrochen war, in einem reizenden kleinen Zimmer mit schräger Decke, mit Anton im Körbchen, vor meinem Bett, da dachte ich daran, wie schön es sein müßte, wenn wir – Mama, Papa, Marcus und ich – so ein Häuschen hätten. Das schöne, große Wohnzimmer, die geräumige Küche mit der gemütlichen Eßecke, und hier oben wäre das Balkonzimmer groß genug für Mama und Papa, und Frau Janssens Zimmer wäre fein für Marcus, und dann wäre da noch das Fremdenzimmer, und ich könnte dieses Kämmerlein behalten. Und dann der herrliche, große Garten! Wie könnten unsere Tiere da herumtoben! Ja, man könnte noch mehr tun! Den Schuppen unten im Garten könnte man ausbauen, um dort Unterkunft für etliche Hunde zu schaffen, und einen Auslauf könnte man auch machen; und ich könnte das verwirklichen, was seit zwei Jahren mein Traum war: eine Ferien-Hundepension aufzumachen! Das Meine dazu tun, daß nicht so viele Hunde ausgesetzt wurden! Mein Herz blutete um die armen Tiere, die einfach von gewissenlosen Menschen aus dem Auto geworfen und entweder überfahren wurden oder im besten Fall in einem Tierheim landeten. Immer wieder lasen wir in der Zeitung von ausgesetzten Hunden, von überfüllten Tierheimen, von Tierschutzvereinen, die ihre liebe Not damit hatten, die Tiere unterzubringen.

Einigen dieser Tiere könnte man helfen, wenn man so ein Haus und so ein Grundstück wie dieses hätte!

Daß Udo von Krohn und seine Familie nicht alle ihre Ferien hier verbrachten! Aber sie hatten ihr eigenes Ferienhaus, mit Badestrand und Segelboot. Für sie bedeutete Sommerurlaub Segeln und Winterurlaub Skisport in den Alpen. Wie schade, daß dieses entzückende Haus die längste Zeit des Jahres unbewohnt blieb!

Dies alles sagte ich auch Tante Elsbeth am nächsten Tag. Sie nickte.

„Ja, es ist schade. Ich hätte ja das Haus verkaufen können, aber ich hänge nun mal dran. Du kannst dir nicht denken, wie schön es hier ist, wenn die Heide blüht! Aber natürlich ist es eine Schande, daß ich nicht mehr aus dem großen Grundstück gemacht habe. Es ist ja alles vollkommen verwildert."

„Aber der Vorgarten ist doch reizend, Tante Elsbeth!" sagte ich.

Das war er wirklich. Da blühten jetzt die Schneeglöckchen, Märzenbecher, Krokusse und Osterglocken. Der Rasen war gemäht, und die Hecke war sorgfältig gepflegt.

„Ja, das besorgt ein alter Mann im Dorf", erklärte Tante Elsbeth. „Nun ja, ich behalte wohl das Haus, aber es tut ein bißchen weh, wenn ich daran denke, daß es nach meinem Tod wohl verkauft werden wird."

„Oh, sprich doch nicht davon, Tante Elsbeth!" rief ich. „Gib mir noch Zeit, bleib am Leben, und wer weiß, wenn es soweit ist, bin ich vielleicht zu Geld gekommen, und dann kaufe ich das Haus und mache eine Hundepension auf!"

„Das glaube ich dir", lachte Tante Elsbeth. „Wie ist es übrigens, könntest du dir denken, eine Expedition zum Bäcker zu machen, um ein frisches Rosinenbrot zu holen?"

„Und ob ich das kann, Tante Elsbeth! Soll ich noch mehr einkaufen?"

„Frag mal Frau Janssen. Sie erklärt dir auch den Weg, er ist äußerst unkompliziert. Es gibt nämlich nur eine Straße hier im Dorf. Aber laß dich nicht überfahren, es ist ja eine Durchfahrtstraße mit viel Verkehr!"

Kurz danach wanderte ich los. Nein, was war dies doch für ein hübsches, kleines Dorf! Nicht einmal einen Supermarkt gab es hier, in dem man alles einkaufen kann. Es gab einen Bäcker und einen Krämer, bei dem ein Mann neben mir Nägel kaufte und eine Frau an meiner anderen Seite sich Joghurt und eine Garnrolle geben ließ.

Es stimmte aber, was Tante Elsbeth gesagt hatte. Die Hauptstraße war sehr belebt. Da fuhren all die Autos, deren Insassen zu feineren, mondäneren Orten wollten – die größeren Dörfer oder Städte, deren Namen alle mit „Bad" anfingen.

Aber wenn man durch die kleinen Nebenstraßen ging, war es das friedlichste und ruhigste Dörfchen, das man sich denken konnte. Sagte ich „Straßen"? Kleine Wege waren es, oft so schmal, daß zwei Autos nur mit knapper Not aneinander vorbeifahren konnten.

Auf einem solchen Weg kamen mir zwei Reiter entgegen. Ich blickte ihnen neidisch nach, denn ich reite für mein Leben gern! Als ich für das sonntägliche Ponyreiten im Zoo zu groß geworden war, durfte ich Reitunterricht nehmen. Die zwei Stunden in der Woche, die ich auf dem Pferderücken verbrachte, waren wunderschön! Oh, wie müßte man hier reiten können; das Gelände war ja wie geschaffen dafür!

„Ja, da ist ein Reitstall im Nachbardorf", erzählte Tante Elsbeth. „Es ist sehr leicht hinzukommen, wenn man ein Auto hat – nun ja, mit

2 8027-10

dem Fahrrad geht es auch, es sind nur vier Kilometer."

Wenn man ein Auto hat – wir hatten zwei! Als Papa seinen Kombiwagen kaufte, erbte Mama seinen alten Käfer, der ihr schon viele Jahre gute Dienste geleistet hatte. Der Wagen hatte im engen Familienkreis auch einen Namen, und das kam so: Als ich einmal mit Papa auf der Straße ging, sagte er plötzlich: „Was für ein schöner Jaguar!"

„Wo siehst du einen Jaguar?" wollte ich wissen. Jaguare kannte ich aus dem Zoo.

„Kein lebendiger Jaguar, Elainchen. Ich meine den schönen Wagen da. Die Marke heißt Jaguar und ist sehr vornehm und sehr teuer."

„Wenn der Wagen ein Jaguar ist, dann ist Mamas Auto eine Wildkatze", meinte ich, und so hatte der gute alte Käfer seinen Namen bekommen! Er hieß von dem Augenblick an nur noch die Wildkatze!

Aber augenblicklich hatten wir weder Jaguare noch Wildkatzen – Nicht einmal ein Fahrrad! Ach, ich Schaf, warum hatte ich nur mein Klapprad nicht mitgenommen? Dann hätte ich all mein Taschengeld zusammengekratzt für eine Reitstunde – oder vielleicht zwei!

Mama behauptet, daß ich ein Glückskind bin, und daß es vielleicht damit zusammenhängt, daß ich an einem Sonntag geboren wurde. An diesem Tag hatte ich Glück – wie so oft.

Der alte Rentner, der Tante Elsbeths Vorgarten pflegte, kam uns besuchen, und er hatte seine vierzehnjährige Enkelin dabei. Sie kreuzte in Reithosen auf.

„Kommst du vom Reiten?" fragte ich sie.

„Nein, im Gegenteil, ich werde in einer Stunde reiten", erklärte sie.

„Du Glückspilz!" seufzte ich. „Ich möchte gern reiten, aber vier Kilometer zu Fuß – und außerdem weiß ich nicht, ob mein Geld reicht. Ist es furchtbar teuer?"

„Ja", sagte das Mädchen, das Dorte hieß. „Für andere ist es teuer, für mich nicht. Weißt du, jetzt ist ja keine Hochsaison, die Pferde stehen nun da, und sie müssen jeden Tag bewegt werden, so komme ich zum Reiten! Aber im Sommer ist es Essig, wenn die Touristen kommen.

Dann werden die Pferde genügend bewegt!"

„Wenn ich bloß mein Rad hier gehabt hätte, dann wäre ich jetzt mitgekommen", sagte ich und seufzte wieder.

„Kannst du auf einem Herrenrad fahren?" fragte Dorte.

„Klar, das ist keine Kunst."

„Dann komm mit, du kannst das Rad meines Bruders borgen. Eine Reithose brauchst du nicht, die meisten reiten in Jeans."

Das ließ ich mir nicht zweimal sagen! Tante Elsbeth wünschte uns viel Vergnügen, sie wußte ja, wie gern ich reite, und wir zogen los, ich auf einem alten Herrenrad.

Im Reitstall trafen wir einen jungen Mann, den Dorte anscheinend gut kannte.

„Fein, daß du kommst, Dorte. Der Figaro wird ganz steifbeinig, wenn er jetzt nicht eine Stunde Bewegung kriegt. Und die Ballerina ist schon ganz melancholisch. Welches von beiden Pferden möchtest du haben?"

„Den Figaro, bitte. Ich sattle schon selbst, das kann ich."

Schon ging Dorte zu dem bewegungsbedürftigen Figaro hinüber, und der junge Mann sprach mich an: „Und du? Kommst du nur zur Verzierung mit, oder willst du reiten?"

„Ich möchte wahnsinnig gern reiten, wenn es nicht allzu teuer ist."

„Heute nicht. Heute kriegst du es umsonst, weil du eine gute Tat vollbringst. Kannst du reiten?"

„O ja, ich habe seit vielen Jahren Reitunterricht."

„Na, das ist gut, komm mit, du kriegst Ballerina. Wer bist du übrigens?"

„Ich heiße Elaine Grather und komme aus Frankfurt. Ich bin Gast bei Frau von Krohn."

„Ach so! Wie geht es Frau von Krohn?"

„Oh, es geht schon, wenn sie nur ein bißchen aufpaßt und ihrem Herzen nicht zuviel zumutet."

„Ja, sie sollte vorsichtig sein, sie ist so eine nette alte Dame. Ihr Enkel nahm mal Reitstunden hier, aber nur kurze Zeit, vor einem Jahr. Er wollte nachher irgendwohin und segeln!"

Während der junge Mann sprach, hatte er Ballerina gesattelt, eine hübsche, hellbraune Stute. Ich betrachtete sie genauer.

„Sie ist wohl halber Norweger? Ein bißchen klein ausgefallen?"

„Stimmt. Du scheinst etwas von Pferden zu verstehen."

„Von anderen Tieren auch", lachte ich. „Außerdem bin ich selbst Norwegerin und fühle mich mit Ballerina verwandt!"

Kurz danach saß ich im Sattel, und wir ritten in die Reitbahn.

„Zuerst ein paar Runden Schritt, dann etwas Trab, damit die Muskeln aufgelockert werden. Sagen wir eine Viertelstunde. Nachher könnt ihr ins Gelände, du reitest voran, Dorte!"

Wir hielten uns genau an die Anweisungen, die Pferde waren willig und lauffreudig. Nach einer halben Stunde galoppierten wir auf einem schmalen Weg am Waldrand entlang. Dorte kannte sich gut aus und wußte genau, wo wir reiten durften.

Es war eine herrliche Stunde, und ich kam ganz aufgeregt wieder zurück zu Tante Elsbeth.

„Dies ist ja ein Paradies auf Erden", sagte ich, als wir beim Abendessen waren – wo ich, nebenbei gesagt, mindestens das halbe Rosinenbrot verfutterte. „Erstens das entzückende Haus, dann das herrliche Grundstück, und dann so nette Nachbarn, und als Krönung die Gelegenheit zum Reiten! Hier bleibe ich, Tante Elsbeth, du wirst ohne mich zurückfahren müssen!"

„Und deinen Eltern sagen, ich hätte dich unterwegs verloren?" lachte Tante Elsbeth. „Du mußt schon mit zurückkommen, mein Kind, aber wenn es dir hier so gut gefällt, kannst du ja mitkommen, wenn ich mal wieder hierherfahre."

„Ist das dein Ernst, Tante Elsbeth? Ich wüßte nichts, was ich lieber täte! Ich habe mich ganz einfach in dein Haus verliebt, und in die Gegend auch!"

„Und in die Pferde", ergänzte Tante Elsbeth trocken.

*

Die Tage flogen dahin. Ich durfte noch dreimal kostenlos reiten. Dann kreuzten plötzlich Feriengäste auf, und die beiden letzten Reitstunden mußte ich mit den zusammengekratzten Resten meines Taschengeldes bezahlen.

Es ist etwas Merkwürdiges am Reiten. Man wird ganz einfach besessen. Ein Mädchen in meiner Klasse hat mir erzählt, daß sie seit Jahren keine Geburtstagsgeschenke und keine Weihnachtsgeschenke mehr bekommt. Von den Eltern und Großeltern, von den Geschwistern und von Tanten und Onkeln kriegt sie immer nur kleine oder größere Kuverts mit Geld darin und mit der Aufschrift: „Eine Stunde Reiten" – „Eine Woche Reiten" – „Einen Monat Reitunterricht". Ich kann sie so gut verstehen! Wenn mein großzügiger Papa mir nicht das Geld fürs Reiten schenkte, würde ich es genauso machen!

Dann waren die schönen Ferien vorbei. Die Koffer wurden gepackt, und ich machte noch eine Runde und nahm sozusagen Abschied von diesem kleinen Paradies. Wenn Tante Elsbeth doch einmal verkaufen würde – oh, wenn Papa das Anwesen bloß kaufen könnte! Was man alles aus dem Grundstück machen könnte – und aus dem großen Schuppen; dort könnte ich mir auch eine kleine Töpferwerkstatt einrichten. Die Töpferei war mein Hobby; ich hatte vor einem Jahr einen Kursus mitgemacht, und es war eine Arbeit, die mir gefiel. Ich hatte wirklich brauchbare Sachen modelliert. Mama stöhnte allerdings über all den Dreck, der damit verbunden war! „Wenn du bloß lieber stricken würdest oder nähen!" seufzte sie. Aber Nähen war nun wirklich überflüssig, denn Mama war vor ihrer Heirat Hausschneiderin und ist eine wahre Künstlerin mit Schere, Nadel und Nähmaschine. Sie näht alle Kleider für sich selbst und für mich, und auch alle Jacken und Hemden für Marcus. Sogar Papas Anoraks! Nein, das Nähen überließ ich ihr und wollte bei meinen Töpfen und Schüsseln, meinen Kannen und Vasen bleiben!

Ja, eine kleine Werkstatt ließe sich hier schon einrichten, und außerdem ein Ställchen für die Tiere, die sich todsicher bei uns einfinden würden! Ich sah schon in Gedanken die Idylle vor mir: Hunde und Katzen, eine Ziege und einen Esel, außerdem Enten und Hühner, und was uns sonst über den Weg laufen oder in unser Leben flattern würde!

Möge Tante Elsbeth so lange leben, bis ich Geld genug habe, um den ganzen Besitz zu kaufen!

Mit diesem Wunsch stieg ich am folgenden Tag ins Auto, mit Kater Anton auf dem Arm. Er war rund und dick von einer Woche Feldmausdiät.

Udo von Krohn ließ den Motor an – nach kurzer Zeit waren wir auf der Autobahn, und es ging zurück nach Frankfurt, zur Schule, zu Pflichten und zum Alltagsleben.

Der Ernst des Lebens

Ich rannte die Treppe hoch, pfefferte die Schultasche irgendwohin, machte auf dem Absatz kehrt und verschwand wieder nach unten. Hinter mir hörte ich Mamas Stimme: „Was hast du, Kind, wo läufst du hin?"

Und ich antwortete vom untersten Treppenabsatz: „Schnell zu Tante Elsbeth! Ich habe die Ferienbilder, und sie soll sie sehen, bevor sie ihr Mittagsschläfchen hält!"

Ich hatte eine ganze Menge Fotos gemacht – das Haus von außen und innen, die verschiedenen Zimmer, Tante Elsbeth in ihrer gemütlichen Fernsehecke, Frau Janssen in der Küche, und uns alle drei mit Anton auf der Terrasse, mit Selbstauslöser aufgenommen. Außerdem hatten Dorte und ich uns gegenseitig auf dem Pferderücken verewigt.

„Es geht jetzt nicht Elaine", sagte Frau Janssen. „Du mußt schon bis nach der Mittagsruhe warten. Frau von Krohn hat Besuch von ihrem Notar und will nicht gestört werden."

Na gut – Notar, das klang sehr feierlich und geschäftlich, das mußte man respektieren! Dann zeigte ich Frau Janssen die Bilder und schrieb mir auf, welche ich für sie nachbestellen sollte.

„Du machst Fortschritte, Elaine“, sagte Papa, als ich ihm die Fotos zeigte. „Das Licht fällt richtig, und die Hauptmotive sind gut plaziert. Man sieht, daß du als Tochter eines Professionellen in eine gute Schule gegangen bist!“

„Ja“, gab ich zu. „Es sind zwei Dinge, die du mir beigebracht hast, Paps. Nämlich . . .“

„. . . Fotografieren und Tierliebe“, unterbrach mein Bruderherz. „Aber ich kann auch fotografieren, und ich weiß, wo die Batterie im Auto ist, und ich kenne die Gänge, und ich kann ganz allein die Weichen von meiner Eisenbahn stellen, und . . .“

„Und was habt ihr von Mama gelernt?“ fragte Papa mit einem kleinen Lächeln.

Marcus dachte angestrengt nach. Dann erhellte sich sein Gesicht. „Von Mama haben wir gelernt, lieb zu sein!“

„Weißt du“, sagte Papa, und seine Stimme hatte einen warmen, weichen Klang: „Genau das habe ich auch von Mama gelernt!“

Erst am späten Nachmittag konnte ich zu Tante Elsbeth gehen. Sie war so lieb und nett wie immer, guckte sich die Bilder interessiert an, aber sie machte den Eindruck, als hätte sie andere Gedanken im Kopf. Als ich die Bilder der Reihenfolge nach zurück ins Kuvert legte, blickte ich einen Augenblick auf. Tante Elsbeths Blick ruhte auf mir, und ihre Augen waren voller Güte. Und die ganze Zeit sah sie aus, als dächte sie an etwas ganz Bestimmtes.

Ich habe diesen Blick nie vergessen. Später habe ich verstanden, was und woran sie in diesem Augenblick dachte.

Ich blieb nicht lange, denn Tante Elsbeth sah müde aus. Als ich nach oben gehen wollte, kam Frau Janssen mit einem Teller Knochen und Fleischresten für Barry.

„Vielleicht darf er keine Knochen mehr fressen, aber er kann wohl das Fleisch abknabbern“, meinte sie.

„Das tut er auch. Aber es stimmt schon, wir dürfen ihm keine großen

Knochen mehr geben", erklärte ich. „Dann fängt er an zu brechen."

„Ja, ja, der gute Barry ist alt geworden", nickte Frau Janssen.

Ja, Barry war alt. Sehr alt. Ich hatte in Papas Tierlexikon nachgelesen, und da stand, daß ein Hund in ganz seltenen Fällen zwanzig Jahre alt werden könnte. Meistens wurden Hunde nicht mehr als fünfzehn Jahre alt.

Barry war jetzt über sechzehn.

Ich wußte ja, daß der Tag kommen würde, an dem Barry sterben mußte. Einmal hatte ich mit Papa darüber gesprochen. Barry lag in seiner Ecke im Wohnzimmer, ich hatte ihn gestreichelt und ein bißchen mit ihm geplaudert. Dann hatte ich gesagt, daß der Gedanke so schrecklich war, daß wir ihn bald verlieren würden.

Als Papa antwortete, sprach er plötzlich norwegisch. Sonst sprach er meistens deutsch. „Darüber darfst du nie sprechen, wenn der Hund dabei ist" sagte Paps, und vermied es, den Namen zu gebrauchen. „Hunde haben einen unwahrscheinlich feinen Instinkt, sie verstehen aus dem Tonfall viel mehr, als man glauben sollte."

Als Papa und ich am folgenden Tag allein waren, nahm er das Thema wieder auf. „Siehst du, Lillepus", sagte er – und ich wußte, wenn er mich Lillepus nannte, dann hatte er etwas ganz Ernstes auf dem Herzen. „Barry soll leben, solange er noch gesund ist. Alter ist keine Krankheit, und ein alter Hund kann auch ein glücklicher Hund sein. Aber wenn er krank werden sollte, wenn er nicht mehr laufen kann, wenn er womöglich erblindet oder . . . also, wenn das Leben ihm eine Qual wird, dann ist der Augenblick gekommen, und dann, Lillepus, müssen wir beide sehr tapfer sein. Ja, gerade wir beide! Mama hängt auch sehr an Barry, aber du weißt, du und ich, wir werden wohl doch am meisten zu leiden haben. Dann darfst du nicht vergessen, daß wir immer das Beste für Barry tun wollen. Wenn wir sehen, daß ein sanfter Tod das Beste für ihn ist, wollen wir es ihm gönnen. Verstehst du das, Lillepus?"

Ich mußte gewaltig schlucken.

„Ja, Paps. Ich verstehe es. Und wenn es soweit ist, werde ich tapfer sein. Aber es tut wahnsinnig weh, wenn ich daran denke."

Papa strich mir übers Haar.

„Wem sagst du das, Kind? Aber jetzt werden wir uns über jeden Tag freuen, den wir noch mit unserem Barry verleben dürfen, und nicht immer an das Traurige denken, von dem wir wissen, daß es einmal kommen muß. Du denkst doch nicht immer daran, daß wir auch einmal sterben müssen?"

„Nein", gab ich zu. „Das tue ich nicht. Wenn ich daran denken würde, daß ich dich und Mama einmal verlieren muß, dann würde ich ja wahnsinnig werden!"

„Wir müssen eben alles so hinnehmen, wie der liebe Gott und die Natur es wollen", sagte Papa. „Und der Tod ist etwas ebenso Natürliches wie die Geburt!"

Ich küßte Papas Wange und ging zur Tür. Draußen hatte ich Barrys Kratzen gehört. Ich machte auf und ließ ihn herein.

Es war ein heller, sonniger Apriltag.

Ich kam aus der Schule, und als ich in unsere Straße einbog, kam Barry mir entgegengelaufen, langsam und bedächtig, aber vergnügt und schwanzwedelnd, so wie er mich seit beinahe zehn Jahren jeden Tag begrüßt hatte. Auf dem Torpfosten saß Anton, wie immer, er sprang auf Barrys Rücken – wie immer. Ja, noch hatten wir unsere beiden lieben Tiere, noch konnten wir uns darüber freuen.

Heute nachmittag wollte ich zum Reiten, und darauf freute ich mich immer. Außerdem war ich in der Schule wegen meines Aufsatzes gelobt worden – also hatte ich viele Gründe, guter Laune zu sein!

„Mama, weißt du, mein Aufsatz – aber Mamilein, was hast du?"

Mama hatte mir wie immer die Tür aufgemacht, jetzt stand sie vor mir, mit unverkennbar rotgeweinten Augen.

„Mamilein, was ist denn los? Etwas mit Omi?"

Sie schüttelte den Kopf.

„Nein, Elainchen, aber Tante Elsbeth ist krank. Sie hat . . .", Mama schluckte, „sie hat einen Schlaganfall erlitten. Sie wurde vor einer

Stunde ins Krankenhaus gebracht."

„O Mama, ist das schlimm? Ist es sehr gefährlich? Kann sie – wird sie sterben?"

„Ja, mein Kind, es ist sehr gefährlich. Tante Elsbeth wurde mit Blaulicht zum Krankenhaus gefahren. Ich habe einen Augenblick mit dem Arzt gesprochen; Frau Janssen rief mich herunter, als es passierte, ich war da, als der Arzt kam. Tante Elsbeth wurde sofort auf die Intensivstation verlegt."

„War sie bewußtlos, Mami?"

„Ja. Frau Janssen kriegt Bescheid vom Krankenhaus, sobald sich ihr Zustand ändert."

„Und Tante Elsbeths Familie?"

„Ich habe den Sohn benachrichtigt. Er ist schon im Krankenhaus."

„Mama, ich kann es nicht fassen. Es ist so schrecklich – gestern habe ich noch mit Tante Elsbeth gesprochen . . ."

„Du weißt, Tante Elsbeth ist alt, Elainchen, und sie hat schon seit Jahren ein schwaches Herz. Komm, Kind, wir können nichts anderes tun als warten! Deckst du bitte den Tisch, ich bin so aufgehalten worden; ich muß in die Küche! Papa wird wohl gleich kommen."

Der Eßtisch war voller Fotos. Es waren Mamas Aufnahmen von grand-mères Geburtstag. Ich sammelte die Bilder, sah mir ein paar davon an. Die liebe, fröhliche grand-mère! Achtzig Jahre alt war sie – auch sie war sehr alt, noch älter als Tante Elsbeth – eines Tages würden wir auch grand-mère verlieren. Da war noch Tante Cosima. Auch sie war nicht mehr die Jüngste, und auch sie würden wir verlieren.

Das waren neue, schreckliche Gedanken.

Barry kam zu mir herüber und rieb seinen großen Kopf an meinen Körper. Ich biß mir auf die Lippen, ich versuchte, den Kloß im Hals loszuwerden. Auch Barry würden wir verlieren, und es würde bald soweit sein.

„Der Tod ist eben genauso natürlich wie die Geburt", hatte Papa gesagt. Aber bis jetzt hatte ich nie an den Tod gedacht. Das Leben lag vor mir, ich machte Zukunftspläne; ich dachte an den Beruf, den ich erlernen möchte, ich dachte an Reisen, an das Abitur, an alles, was mir bevorstand.

Zum erstenmal wurde mir bewußt, daß auch für mich selbst alles eines Tages vorbei sein würde. Auch für mich . . .

Barry winselte und ging zur Tür. Ich ließ ihn in den Flur hinaus und gab Mama Bescheid. „Papa kommt, Mamichen!"

Ich hatte ihn weder gesehen noch gehört, aber auf Barry war Verlaß. Er wußte immer, wenn Papa zum Gartentor hereinkam, und er kannte genau das Geräusch von Papas Wagen.

Es wurde eine stille Mittagsmahlzeit. Wir aßen wenig und sprachen noch weniger. Sogar Marcus war schweigsam.

Ich sagte meine Reitstunde ab. Wir gingen still unseren Pflichten nach – und warteten, warteten. Mama fragte Frau Janssen, ob sie nicht nach oben zu uns kommen wollte, aber sie lehnte ab. Sie wollte am Telefon bleiben.

Papa ging in sein Atelier in der unteren Etage. Marcus bekam Besuch von einem Nachbarjungen, und die beiden liefen in den Garten. So waren Mama und ich allein, als das Telefon klingelte.

Mama antwortete.

Es wurde nicht viel gesagt. Ich verstand, daß sie mit Udo von Krohn sprach. Ihre Stimme war tränenerstickt, sie konnte kaum sprechen.

„Ja, Herr von Krohn", sagte sie zuletzt leise und heiser. „Natürlich tue ich das. Ich danke Ihnen, daß Sie angerufen haben. Ich . . . wir alle . . . denken sehr an Sie und Ihre Familie."

Sie legte den Hörer auf und wischte sich die Augen.

„Mama . . . ist es . . . war es . . ."

„Ja, Elainchen. Tante Elsbeth ist ganz still eingeschlafen. Ich habe versprochen, es Frau Janssen zu sagen."

Mama stieg die Treppe hinunter, und ich ging ins Atelier zu Papa.

Das ganze Haus war so still.

Papa nahm mich in die Arme, und ich weinte an seiner Brust. Weinte . . . weinte . . .

Tante Elsbeths Letzter Wille

Was einem auch passiert, der Alltag muß weitergehen.

Die ersten Tage waren so – ja, so anders. Tante Elsbeth hatte so unbedingt zu unserem Leben gehört, und sie hinterließ eine große Leere. Wir hatten alle an ihr gehangen. Sie war uns so viel, viel mehr gewesen als nur unsere Wohnungsvermieterin. Sie war uns ans Herz gewachsen, und das beruhte wohl auch auf Gegenseitigkeit.

Aber für uns ging das Leben weiter, so wie es nun einmal ist.

Mama und Papa gingen zu der Beerdigung. Ich konnte nicht mit, denn ich mußte zur Schule gehen.

Am folgenden Tag kamen Leute in Tante Elsbeths Wohnung. Wir hörten Stimmen und Schritte, Geräusche aus der Küche, der Wasserhahn lief, da läutete das Telefon. Möbel wurden gerückt, es klingelte an der Wohnungstür.

Heute sollte die Testamentseröffnung stattfinden. Udo von Krohn hatte Papa gebeten, dabeizusein.

„Sie hat vielleicht den Kindern etwas hinterlassen", meinte Mama. „Sie hat doch einmal so etwas angedeutet."

Die liebe, gute Tante Elsbeth!

Ich gebe ehrlich zu: Ich *war* gespannt! Tante Elsbeth war eine sehr wohlhabende Dame gewesen. Vielleicht – vielleicht hatte sie mir ein Schmuckstück als Erinnerung vermacht?

Endlich wurde es still da unten. Die fremden Menschen verließen das Haus, Autos wurden gestartet. Und jetzt kam Papa.

„Papa, warum wollte er, daß du . . . Du siehst aber so merkwürdig aus . . . Bist du furchtbar unglücklich oder sehr froh?"

„Sagen wir, ich bin tief bewegt", antwortete Papa. Er legte mir den Arm um die Schultern. „Komm, setz dich, Lillepus. Das, was ich dir zu sagen habe, könnte dich vielleicht zum Umfallen bringen!"

Ein kleines Lächeln war auf Papas Gesicht zum Vorschein gekommen.

„Soll ich mich auch hinsetzen?" fragte Mama.

„Das wäre vielleicht das beste. Nun also, um mit dem Jüngsten anzufangen: Marcus, du kriegst den großen Leuchtglobus . . ."

„Au fein!" rief mein Bruder.

„. . . und den Kassettenrecorder und Geld für ein erstklassiges, großes Fahrrad."

Marcus blieb mit offenem Mund stehen. Endlich fand er die Sprache wieder: „Oh, wie schade, daß Tante Elsbeth tot ist! Gerade jetzt hätte ich sie sooo gern umarmt!"

„Es geht weiter", fuhr Papa fort. „Elaine, du kriegst auch Geld, und zwar für einen Brennofen in deiner Töpferwerkstatt."

„Oh, die liebe Tante Elsbeth! Sie wußte ja, wie sehr ich mir so einen Ofen wünsche!"

„Du und ich, Bernadette", sagte Papa und drehte sich zu Mama um, „wir kriegen den Farbfernseher und den großen Perserteppich aus dem Wohnzimmer."

„Du liebe Zeit!" hauchte Mama. „Der Teppich ist ein Vermögen wert!"

„Dies alles", erklärte Papa weiter, „stand in dem Testament, das vor einem Jahr aufgesetzt wurde. Aber vor vierzehn Tagen hat Frau von Krohn das Testament ergänzt."

„Und diese Ergänzung – geht die uns auch an?" fragte ich.

„Sie geht dich an, Elainchen", sagte Papa, und mir war, als sei seine Stimme sehr bewegt. „Denn in dieser Ergänzung hat sie dir ihr Haus in der Heide vermacht."

Wenn ich sage, daß mir die Worte fehlten, ist es buchstäblich wahr. Wir sahen uns an, alle vier, fragend, sprachlos.

Es war Marcus, der als erster die Sprache wiederfand.

„Ein ganzes Haus? Hat Elaine ein ganzes Haus für sich allein?"

„Wenn sie will, ja", sagte Papa. „Aber ich hoffe doch, daß sie uns einladen wird, mit ihr in den Ferien dort zu wohnen! Wir werden schon . . . aber Elainchen, du weinst ja!“

Genau das tat ich. Ich weinte dicke Tränen, ich weinte so, daß Mama mich in die Arme nahm und versuchte, mich zu beruhigen.

„Ich bin ja so glücklich“, stammelte ich. „Und ich bin so unglücklich! Oh, warum hat Tante Elsbeth mir das nicht erzählt – warum gab sie mir nicht die Möglichkeit, ihr zu danken, ihr zu erzählen, wie wahnsinnig ich mich freue! Ihr könnt euch ja nicht vorstellen, das Haus ist *so* schön, und das große Grundstück – und die Heide – und das süße kleine Dorf . . . Ihr ahnt ja nicht, was wir da alles anfangen können! Ach, wenn ich ihr bloß hätte danken können!“

Derselbe Gedanke erfüllte uns wohl alle. Daß die gute Tante Elsbeth uns so großzügig in ihrem Testament bedacht hatte!

Wir bekamen die Erklärung am folgenden Tag, denn da kam Udo von Krohn, um uns zu besuchen. Er hatte allerlei mit Papa und Mama zu besprechen, erstens wegen meines Hauses – ja, *meins!* – und dann wegen unserer Wohnung hier.

„Ja, ich wußte das mit Mamas Testament“, nickte er. „Und ich bin sehr froh über diese Bestimmung. Sehen Sie, Mama hing sehr an dem Haus, und der Gedanke, daß es in fremde Hände kommen sollte, tat ihr direkt weh. Aber ehrlich gesagt, mir wäre es eine Last gewesen. Ich bin sozusagen eingedeckt mit Sommerhäuschen. Ich wünschte oft, daß Mama einen Menschen finden würde, der das Haus genauso gern hätte wie sie selbst. Dann fand sie zum Glück diesen Menschen – nicht wahr, Elaine? Ja, nun wollte ich vorschlagen, daß wir so bald wie möglich zusammen hinfahren; es sind ein paar alte Familienstücke da, die ich gern haben möchte, aber die neueren Möbel, Bettwäsche, Tischwäsche und Kleinkram, das kann alles da bleiben. So wünschte es meine Mutter.“

Als Mama über den phantastischen, kostbaren Teppich etwas sagte, lächelte Udo von Krohn ein bißchen.

„Ist es Ihnen denn nicht klar, Frau Grather, wie sehr meine Mutter an Ihnen hing? Wissen Sie nicht, wie seelenruhig wir verreisen konnten?

‚Mama hat ja die Grathers', hieß es bei uns immer. Wer hat sie bekocht, als Frau Janssen krank war? Sie, Frau Grather! Wer kam mit dem Werkzeugkasten und führte Reparaturen aus, wenn etwas kaputt war? Sie, Herr Grather! Wer machte Besorgungen, wer lief zur Post, wer . . ."

„Das tat Elaine", sagte Marcus. „Aber ich habe ihr jeden Tag die Zeitung aus dem Briefkasten geholt und vor die Tür gelegt!"

„Wer hat sich rührend um unsere Tiere gekümmert, wenn wir verreist waren?" sagte Papa.

„Wer hat uns überhaupt aus der großen Klemme geholfen, als wir händeringend eine Wohnung in Frankfurt suchten?" ergänzte Mama.

Udo von Krohn lächelte.

„Erinnern Sie sich noch an den Tag, Frau Grather? Damals hießen Sie noch Fräulein Bonassi, und wir sprachen Französisch miteinander, weil Sie sich im Deutschen unsicher fühlten. Jetzt kann ich ja verraten, was meine Mutter damals sagte, als Sie sich verabschiedet hatten: ‚Udo, diesem entzückenden kleinen Menschenkind möchte ich helfen! Wir wollen die Einliegerwohnung in Ordnung bringen, die kriegt sie. Diese liebe kleine Frau möchte ich gern im Haus haben!'"

„Wenn auch die liebe kleine Frau ein Riesenmannsbild im Schlepptau hatte", lächelte Papa. „Wissen Sie, Herr von Krohn, die siebzehn Jahre hier im Haus waren ungetrübt schön, es war wunderbar in der kleinen Wohnung unten und herrlich, als wir damals die ganze erste Etage bekamen. Ja, nun ist wohl die Frage, wie es weitergehen soll. Wollen Sie das Haus vermieten oder verkaufen, oder . . ."

„Wenn ich einen Käufer finde, verkaufe ich", sagte Herr von Krohn. „Sonst vermiete ich einfach Mamas Wohnung. In dem Fall bleibt Ihr Mietvertrag natürlich unverändert. Wir werden mal sehen, wie sich alles entwickelt. Aber zuerst das Wichtigste, die Übergabe von Elaines Haus. Nächstes Wochenende – halt, da haben wir den ersten Mai, das ist ein Montag, also ein verlängertes Wochenende. Hast du an dem Samstag schulfrei, Elaine? – Fein! Wollen wir dann hinfahren? Die Tiere können Sie hierlassen, Frau Janssen kümmert sich um sie."

„Ja, Frau Janssen", fragte Mama. „Was wird mit ihr, der getreuen Seele? Dies alles ist ihr ja schrecklich nahegegangen, sie hatte Ihre Mutter so lieb – wie wir alle!"

„Frau Janssen wurde im Testament reichlich bedacht", sagte Herr von Krohn. „Was sie anfangen wird, wenn hier alles abgewickelt ist, weiß ich nicht. Wir haben ihr vorgeschlagen, als Wirtschafterin zu uns zu kommen. Nun ja, vorläufig bleibt sie hier, und sie wird sich ganz bestimmt um Barry und Anton kümmern!"

So kam es, daß wir am folgenden Sonnabend in aller Frühe losfuhren, Familie Grather in Papas Kombiwagen und Ehepaar von Krohn in seinem großen Mercedes.

Gegen Mittag kamen wir an. Wir fuhren an meinem Reitstall im Nachbardorf vorbei – da waren zwei Reiter, der eine auf der hübschen Stute Ballerina, die ich auch geritten hatte. Dann waren wir in Rosenbüttel, in „unserem" Dorf, jetzt bogen wir in den kleinen Seitenweg – und da lag das Haus. Mein Haus!

Ich war so glücklich, es war wie ein Märchen – und dabei mußte ich gewaltig gegen die Tränen kämpfen. Aber vergeblich. Als wir durch das Gartentor gingen, schaffte ich es nicht mehr. Die Tränen kullerten mir über die Wangen.

Mama verstand mich. Das tut sie immer. Sie drückte mich einen Augenblick fest an sich und sagte leise: „Denk daran, Lillepus, daß es gar nicht in Tante Elsbeths Sinn ist, wenn du jetzt weinst. Sie wollte dich ja glücklich machen, sie wollte, daß du dich freust!"

„Das tue ich ja auch, Mama. Aber ich muß immer an Ostern denken – ich wollte so furchtbar gern hierher zurückkommen, aber daß es so schnell geschehen sollte, und ohne Tante Elsbeth . . ."

„Ja, Kind, ich verstehe dich", sagte Mama. „Aber jetzt mußt du uns dein Haus zeigen!"

Dann gingen wir von Zimmer zu Zimmer, vom Keller bis zum Boden. Ich zeigte meiner Familie das herrliche große Grundstück, und Mama fing sofort an, über Salat, Radieschen, Dill und Petersilie zu phantasieren. Dann studierte Papa den Schuppen.

„Das nennen Sie Schuppen?“ sagte er. „Es ist ja ein richtiges kleines Haus, stabil gebaut!“

„Ja, es wurde kurz nach dem Krieg als Behelfsheim für eine ausgebombte Familie gebaut“, erklärte Herr von Krohn. „Jetzt ist es ja ziemlich verfallen, aber es läßt sich schon wieder in Ordnung bringen. Die Außenwände sind solide, Strom- und Wasserleitung sind vorhanden.“

Papa blieb stehen und betrachtete das kleine Haus aufmerksam mit gerunzelter Stirn.

„Du hast irgendeine Idee, Papa“, sagte ich.

„Ja, aber sie läßt sich leider nicht verwirklichen. Wenn, dann müßten wir unseren festen Wohnsitz hierher verlegen.“

„Aha“, nickte ich. Ich kenne meinen Vater! „Du denkst also daran, wie schön man hier Hühner halten könnte!“

„Meine Tochter, die Gedankenleserin“, lächelte Papa.

Er zog sich mit Herrn von Krohn in das kleine Zimmer hinter dem Wohnzimmer zurück, damit sie alles Praktische und Geschäftliche besprechen konnten. Frau von Krohn suchte die Familienbilder und ein paar andere alte Sachen zusammen. Marcus wanderte in den Keller und plante, wie er dort seine elektrische Eisenbahn aufbauen konnte. Mama fing an, das Mittagessen zuzubereiten, und ich verkündete, daß ich auf einen Sprung zu Dorte gehen wollte.

Sie machte vielleicht Augen, als ich plötzlich auftauchte! Sie wußte Bescheid über Tante Elsbeths Tod, es war eine Todesanzeige gekommen.

„Was wird denn jetzt mit dem Haus?“ wollte sie wissen. „Opa hat so gern diese Jobs bei Frau von Krohn gehabt, er sagt immer, daß er damit seine Rente aufgefrischt hat! Wird das Haus jetzt verkauft?“

„Es hat schon eine neue Besitzerin“, erklärte ich.

„Jetzt schon? Du, ob die wohl Opa brauchen wird?“

„Das wird sie ganz bestimmt“, meinte ich.

„Das wäre fein. Ist die neue Besitzerin auch so alt wie Frau von Krohn? Kennst du sie? Ist sie nett? Wie heißt sie?“

3 8027-10

„Nein, so alt ist sie nicht", sagte ich. „Ja, ich kenne sie. Ob sie nett ist, daß mußt du selbst beurteilen. Und wie sie heißt, kann ich dir auch sagen. Sie heißt Elaine Grather!"

Freude und Kummer gehen Hand in Hand

Der liebe alte Herr Geest, Dortes Opa, kam uns besuchen. Er fragte vorsichtig, ob vielleicht etwas zu tun wäre – er hätte nun so viele Jahre für Frau von Krohn gearbeitet, hätte sich um das Haus gekümmert, wenn es unbewohnt dastand . . .

Papa sprach lange mit ihm. O ja, wir würden schon öfters eine hilfreiche Hand brauchen! Die beiden Männer gingen zusammen in den Garten, oder vielmehr auf das nicht ausgenutzte Stück Land hinter dem Haus. Ich sah sie vom Fenster aus. Sie blieben an einer bestimmten Stelle stehen, Papa zeigte und erklärte etwas, und Opa Geest nickte. Was die beiden vorhatten, wußte ich nicht, aber als Mama sich dazugesellte, war es mir klar, daß sie Opa bitten wollte, ein Stückchen Land für ihren geplanten Gemüsegarten umzugraben.

Montag morgen packten wir unsere Sachen und brachen auf. Es war Herr von Krohn, der die Haustür abschloß. Dann drehte er sich zu mir um und legte den Schlüssel in meine Hand.

„So, Elaine. Der Schlüssel zu deinem Haus, bitte schön. Mögest du hier recht glücklich werden!"

„Das bin ich ja schon", sagte ich. Ich sprach leise, denn ich hatte wieder diesen dummen Kloß im Hals.

Auf der Rückfahrt saß ich vorn, neben Papa. Ich hatte keinen Kloß im Hals mehr, ich plauderte los und entwickelte all meine Pläne. Papa hörte geduldig zu.

„Und ich kann Gäste einladen, Papa!" meinte ich. „Ich kann Hilde und Marlies zu Besuch einladen!"

Hilde und Marlies waren meine besten Freundinnen.

„Und Omi kann kommen, und ..."

„Sag mal Elainchen", sagte Papa endlich. „Hast du nicht darüber nachgedacht, daß es Geld kostet, ein Haus zu besitzen?"

„Geld? Nein, wieso?"

„Es gibt etwas, das Steuern heißt", erinnerte mich Papa. „Und es kommen Stromrechnungen und Wasserrechnungen, du wirst Heizöl brauchen, und dann die Telefonrechnung – ja, denn das Telefon willst du doch behalten?"

„Ja ...", meinte ich. „Aber ich verdiene ja keinen Pfennig, und ich weiß ja gar nicht, ob du ..."

„Siehst du, es bleibt dir nur ein Ausweg", erklärte Papa. „Du mußt einen Teil des Hauses vermieten!"

„Was? Vermieten? Das ist doch ein furchtbarer Gedanke!"

„Na, das Haus ist ja groß genug. Du könntest das große Balkonzimmer oben vermieten, und das kleine Kämmerchen – natürlich mit Küchen- und Badbenutzung!"

Ich saß wie gelähmt da. Vermieten! Das große schöne Zimmer, in dem die Eltern doch schlafen sollten, und das Kämmerchen, das Marcus schon als das seine betrachtete! Und fremde Menschen in der Küche rumwirtschaften zu lassen!

„Aber ... aber ... an wen sollte ich vermieten?" fragte ich, und ich glaube, meine Stimme klang ziemlich kleinlaut.

„An wen? Das ist doch klar! An uns natürlich! An Mama und Marcus und mich!"

„O Papa, was bist du doch für ein Quasselkopf – aua, laß mein Ohrläppchen, du darfst das Steuer nicht loslassen! Was redest du bloß für Unsinn, Paps!"

„Und wie redest du mit deinem alten Vater, du unverschämtes Gör! Im Ernst, Elainchen: Ich habe mir dies alles durch den Kopf gehen lassen, und ich meine, wir werden es schaffen, bis du selbst berufstätig bist und Geld verdienst. Wenn wir nun alle Ferien in deinem Haus verbringen, dann sparen wir also die Ferienreisen, und was wir dadurch sparen, wird wohl für die Hausunkosten reichen. Ich meine, so können wir dir über die ersten fünf bis sechs Jahre hinweghelfen, bis du selbst imstande bist, das Haus zu unterhalten."

„O Papa, das ist ja wunderbar! Aber das bedeutet also, daß wir alle Ferien in der Heide verbringen werden?"

„Allerdings. Denn für ein eigenes Sommerhaus und außerdem für teure Reisen reicht mein Geld nicht. Sollte es schwierig sein, behauptet deine einmalige Mama, daß sie . . ."

„Vorsicht!" kam es vom Rücksitz. „Die Einmalige kann jedes Wort hören!"

„Na gut, dann erkläre deinen Plan selbst!"

„Ja, weißt du, ich betrachte mich selbst als eine Art Geldreserve", erklärte Mama. „Es dürfte dir bekannt sein, daß ich schneidern kann? Also, ich kann so viele Kundinnen kriegen, wie ich will, und ich bin durchaus willig und bereit, hin und wieder ein Kleid zu nähen, um unsere Finanzen ein bißchen aufzubessern."

„Wie habe ich doch meine Eltern gut gewählt!" sagte ich. „Ihr seid direkt rührend – ich möchte nur wissen, was ich dafür für euch tun kann!"

„Kind, du vergißt eine Sache", sagte Mama. „Wir sind ja auch restlos begeistert von dem Haus und freuen uns ganz schrecklich darauf, den ganzen Sommer da zu verbringen."

„Und Weihnachten und Herbstferien und Ostern und Pfingsten", fügte mein Bruder Marcus hinzu.

Als wir gegen Mittag nach Hause kamen, saß Anton auf dem Torpfosten und sprang von dort auf meine Schulter. Aber wo war Barry?

Ich rannte durch die Auffahrt. In der offenen Haustür stand Frau Janssen. Und da, hinter ihr, kam Barry langsam angetrottet, schwanzwedelnd, deutlich froh, daß wir kamen, aber er bewegte sich nur mühsam.

„Was hast du, Barry?" sagte ich, kniete neben ihm nieder und legte meinen Kopf an den seinen. „Bist du so müde?“

„Er ist so merkwürdig gewesen“, sagte Frau Janssen. „Er hat beinahe die ganze Zeit im Korb gelegen, ist nur ein paarmal am Tag im Garten gewesen, um sein Geschäftchen zu machen. Er hob den Kopf, als er euren Wagen hörte, und wie du siehst, ist er aufgestanden. Aber dabei blieb es.“

Papa war dazugekommen. Er streichelte Barry.

„Nun, alter Junge, wollen wir wieder nach Hause? Komm, Barry, wir wollen erst mal die Sachen vom Wagen hochtragen, und dann gehen wir rauf. Ja, ja, Herrchen nimmt schon deinen Korb!“

Barry blieb stehen, sah uns an, als wir Koffer und Kartons hochtrugen. Dann sah er zu, als Papa den Wagen in die Garage fuhr. Und dann erst bewegte er sich langsam an Papas Seite auf die Treppe zu. Ich ging hinterher mit der letzten Tasche in der Hand.

Barry ging eine Stufe hoch, dann blieb er stehen, ging rückwärts und legte sich plötzlich am Fuß der Treppe auf den Fußboden.

Papa blieb stehen. Es war mir, als ob er gewaltig schlucken mußte. Aber als er sprach, war seine Stimme munter und vergnügt. „Na, alter Freund, wir sind wohl müde heute? Weißt du was, dann gehen wir beide ins Atelier, die paar Stufen nach unten schaffst du schon. Komm, alter Junge, ins Atelier!“

Das Wort kannte Barry. Unzählige Male hatte er da auf seiner Decke gelegen, wenn Papa in stundenlanger Arbeit seine Filme redigierte.

Ich verstand. Mein Herz krampfte sich zusammen, denn ich wußte, was uns jetzt bevorstand.

„Geh nur, Papa“, sagte ich. „Ich verstehe. Und ich weiß, daß wir keine Trauerstimme haben dürfen. Ich gebe Mama Bescheid, nachher komme ich runter zu euch.“

Papa blieb bei Barry. Ich brachte ihm sein Mittagessen hinunter, und nachher löste ich ihn für eine Stunde ab. Barry sollte jetzt nicht allein sein.

Die nächsten zwei Nächte schlief Papa auf der Couch im Atelier.

Die dritte Nacht schlief ich da. Wenn Papa fort mußte und ich in der Schule war, nahm Mama ihre Näharbeit mit und setzte sich ins Atelier. Wenn es gar nicht anders ging, ließen wir Anton zu Barry hinein.

„Das Furchtbarste, das man einem Hund antun kann, ist, ihn allein zu lassen", hatte Papa mir schon öfter erklärt. „Ein Hund ist kein Einzelgänger wie eine Katze. Er ist ein Rudeltier und braucht seinen Leithund, und der bin in diesem Falle ich. Wir sind Barrys Rudel, und einen von uns muß er bei sich haben."

Das alles wußte ich. Und ich wußte auch, daß wir ihn jetzt weniger denn je allein lassen durften.

So ging es drei Tage. Am Donnerstag saß ich im Atelier mit meinen Schularbeiten. Barry schlief in seinem großen Korb, den Papa ins Atelier gestellt hatte.

Dann kam Mama, ihre Näharbeit in der Hand.

„Ich bleibe ein Weilchen hier, Elaine. Geh mal rauf, Papa möchte mit dir sprechen."

Ich stand auf. Mein Herz war schwer wie Blei. Ich wußte, was Papa mir zu sagen hatte.

„Lillepus", sagte Papa, und jetzt, da Barry ihn nicht hören konnte, war seine Stimme sehr ernst, traurig, ja, ein wenig unsicher. „Du weißt, was wir jetzt zu tun haben."

„Ja, Papa, ich weiß es."

„Der Tierarzt kommt morgen nachmittag, nach seiner Sprechstunde. Dann – ja, dann wollte ich am Samstag in die Heide fahren. Außerhalb der Großstädte ist es erlaubt, einen Hund auf dem eigenen Grundstück zu begraben. Damit wir ihn nicht . . ."

„Ich verstehe, Papa. Damit wir ihn nicht zum Abdecker geben müssen. Ich komme mit, Papa. Ich werde wahrscheinlich während der ganzen Fahrt heulen, aber – ich komme mit. Ich helfe dir, das Grab zu graben."

„Ist schon gemacht, Lillepus. Opa Geest wollte es besorgen."

*

„Ach, das war es, was du mit ihm besprochen hast. Ich komme trotzdem mit, Papa."

„Das ist lieb von dir, Kind."

„Was heißt hier lieb? Ich *möchte* gern mitkommen, Papa."

„Und sag Marcus nichts. Er geht morgen nachmittag zu einer Kinderparty. Er wird nicht hier sein, wenn der Tierarzt kommt. Es ist besser, wenn der Kleine vorher nichts weiß."

„Ja. Das ist besser. O Papa, ich habe nur noch einen Wunsch! Daß Barry heut einen Herzschlag erleiden wird – daß er ganz von selbst friedlich einschläft, daß wir nicht . . .", hier versagte meine Stimme.

„Das wünsche ich auch, Lillepus. Aber ich weiß, daß es meine Pflicht ist, gerade weil wir Barry so liebhaben. Wir dürfen es nicht aus lauter Egoismus weiter aufschieben. Unser Barry soll sich nicht quälen."

Ich legte meine Wange an die von Papa, und er strich mir über den Kopf.

In diesem Augenblick verstanden wir uns besser denn je.

Die letzte Nacht verbrachte Papa unten bei Barry. Ich schlief in meinem Bett oben – nein, ich schlief nicht. Ich döste ein bißchen, schlief ganz kurz, wachte auf, schlief wieder und träumte merkwürdiges, verworrenes Zeug – wachte wieder auf und konnte nicht mehr schlafen. Alle meine Gedanken waren bei Barry, tausend Erinnerungen tauchten auf. Barry in den Ferien im Wallis, wie munter und vergnügt war er auf unseren Bergwanderungen mitgelaufen! Barry im Winter, wenn er stolz und fröhlich Marcus oder mich auf dem Rodelschlitten zog. Barry, wenn er Papas Hausschuhe brachte, wenn er den Einkaufskorb trug, wenn er auf Marcus aufpaßte, als der Kleine eben laufen gelernt hatte, und die Gefahr bestand, daß er sich an den Tischkanten stoßen könnte, Barry, der sich knurrend zwischen Mama und einen verdächtigen Typ gestellt hatte, der unter einem Vorwand bei uns geklingelt und bestimmt etwas Böses im Schilde geführt hatte.

Auf Barry war immer Verlaß.

Die Sonne ging auf. Es war ein wunderschöner Maimorgen.

Ich hielt es nicht mehr aus. Lautlos stand ich auf, schlüpfte in meinen Bademantel, ging aus der Wohnung und machte die Tür lautlos hinter mir zu.

Unten im Atelier war Licht. Leise öffnete ich die Tür.

Da saß Papa, schon angezogen. Er blickte auf, als ich kam, sagte aber nichts. Er zeigte nur wortlos mit der Hand in Barrys Ecke.

Ich ging näher heran. Hinter mir hörte ich Papas Stimme, eine heisere, belegte Stimme: „Unser Wunsch wurde uns erfüllt, Lillepus."

Barry lag tot in seinem Korb.

Ich weiß nicht, wie wir es schafften, an diesem Tag unseren Pflichten nachzugehen und wie ich die Unterrichtsstunden überstand.

Wir hatten alle geweint an diesem Morgen. Irgendwie war es eine Erleichterung, keine Komödie mehr spielen zu müssen. Es war uns allen schwergefallen, in diesen letzten Tagen eine muntere, unbefangene Stimme zu haben, wenn Barry uns hören konnte.

Es war eine Erleichterung, trauern zu dürfen.

Am folgenden Tag, gleich nach dem Mittagessen, fuhren Papa und ich nach Norden. In dem großen Gepäckraum lag unser Barry, in seine Decke gehüllt.

Opa Geest hatte sein Wort gehalten. Unter einem Goldregenstrauch hinter dem Hause bekam unser Barry seine letzte Ruhestätte.

Es war spät geworden. Es war schon dunkel, als wir endlich das tiefe Grab zugeschaufelt hatten.

Einen Augenblick blieben wir stehen. Ich legte meine Hand in Papas Hand. Wir sprachen kein Wort.

Wir hatten unseren besten, treuesten, liebsten Kameraden beerdigt.

Wir riefen Mama an, nur um gute Nacht zu sagen. Ein Stündchen blieben wir noch auf, ich machte Tee, und wir aßen ein paar von den Butterbroten, die Mama uns mitgegeben hatte. Wir sprachen wenig. Worte waren so überflüssig.

Aber als ich Papa einen Gutenachtkuß gab, sagte ich: „Ich bin froh über zwei Dinge, Paps. Erstens, daß Barry nie in der Heide gewesen ist. Hier ist nichts, das an ihn erinnert. Zu Hause wird es schrecklich sein, die Leere und all die Erinnerungen. Und dann bin ich froh, daß ich mitgekommen bin. Es ist doch gut, daß wir zusammen sind, Papa?"

„Ja, Lillepus, es ist gut."

„Es wäre so furchtbar gewesen, wenn du hier ganz allein gesessen hättest, mit dem bitteren Schmerz . . ."

„Da irrst du dich, Elainchen. Der Schmerz ist da, aber er ist nicht bitter. Bitter ist es, wenn man einen jungen, gesunden Hund töten muß. Bitter ist es, wenn ein junger, blühender Mensch stirbt. Aber wenn ein altes Tier oder ein alter Mensch, der ein erfülltes Leben hinter sich hat, die Augen für immer schließt, dann ist es nicht bitter. Es ist traurig, und die Leere, die ein geliebtes Wesen hinterläßt, tut furchtbar weh. Aber das Sterben im hohen Alter ist richtig und natürlich."

„Ja . . .", sagte ich langsam. „Da hast du recht. Aber gerade nach einem alten Menschen oder einem lieben alten Tier ist die Leere so schrecklich, denn durch so viele Jahre haben wir eben Zeit gehabt, diesen Menschen oder dieses Tier so richtig, richtig liebzugewinnen."

„Ja, das stimmt. So, mein Mädchen, geh nun schlafen. Wir wollen morgen rechtzeitig starten."

„Gute Nacht, Paps. Es war ein schlimmer Tag – aber kannst du mich verstehen, wenn ich sage, daß es auch ein schöner Tag war?"

„Ja, Lillepus, ich verstehe es. Gute Nacht, mein Kind."

Ein Findelkind

Wir wollten versuchen, rechtzeitig zu Mittag zu Hause zu sein. Also mußten wir früh starten, wir hatten eine Strecke von etwa vierhundert Kilometer vor uns. Ich packte die Butterbrote ein, die vom Frühstück übrig waren – Mama hatte uns allzu viele mitgegeben. Vielleicht würden wir unterwegs Hunger kriegen, und außerdem ist es in unsrer

Familie ein ungeschriebenes Gesetz, daß eßbare Dinge nie weggeworfen werden.

Wir hatten nichts zu trinken, also füllte ich den Wasserkanister. Das ist auch so eine Eigenheit bei Papa, etwas, das er bei seinen unzähligen weiten Bergwanderungen gelernt und praktiziert hat: „Wenn man richtig Durst hat, gibt es nichts, das besser schmeckt als reines, klares Wasser!"

Ich gebe ihm recht. Wie oft habe ich in der Schweiz oder in Norwegen bäuchlings an einem Bach gelegen und kühles, klares Wasser getrunken!

Dann schlossen wir die Fensterläden und sperrten die Tür zu.

„Eigentlich ein komisches Gefühl, sein eigenes Haus abschließen zu können", philosophierte ich, als ich den Schlüssel in die Tasche steckte.

„Es ist schön, daß wir es haben – entschuldige, ich meine, daß du es hast", sagte Papa mit einem kleinen Lächeln.

Dann ging es heimwärts. So langsam fing ich an, diese Autobahnstrecke zu kennen!

„Papa", sagte ich nach einer Weile. „Werden wir uns einen neuen Hund anschaffen?"

„Irgendwann, ja", sagte Papa. „Aber jetzt noch nicht. Alles ist ja so ungewiß; wer weiß, ob wir überhaupt unsere Wohnung behalten werden. Wenn das Haus verkauft wird, ist es ja möglich, daß der neue Besitzer es als Einfamilienhaus haben will. Wir müssen zuerst ein bißchen mehr Klarheit haben, bevor wir einen Hund oder ein anderes Tier anschaffen."

„Vorläufig könnte ich mir auch keinen anderen Hund vorstellen", meinte ich. „Der Verlust von Barry wird noch lange weh tun, da muß etwas Zeit vergehen, es müssen neue Dinge geschehen, unsere Gedanken müssen . . . sie müssen . . ."

„In neue Bahnen gelenkt werden, meinst du? Ja, so denke ich auch. Ach, hol doch bitte meine Sonnenbrille aus dem Handschuhfach, Elainchen."

Ich setzte auch meine eigene Sonnenbrille auf. Es war strahlend schönes Wetter, richtig warm!

„Weißt du was, wenn jetzt ein Rastplatz auftaucht, wollen wir uns die Beine ein bißchen vertreten", meinte Papa, als wir ungefähr die halbe Strecke hinter uns hatten.

Nach einigen Minuten tauchte schon ein Schild mit der Aufschrift *Rastplatz 500 Meter* auf, und wir hielten an.

„Möchtest du etwas essen, Papa?"

„Eigentlich nicht. Ich will mir den Mittagsappetit nicht verderben."

Wir wanderten ein bißchen auf und ab, Papa machte ein paar Kniebeugen. Plötzlich blieb ich stehen und horchte. Ich hatte etwas gehört.

„Papa, hör doch! Da heult ein Hund! Da war es wieder – hörst du?"

„Ja, tatsächlich! Es ist mir, als käme es aus dem Wäldchen da – es wird doch nicht etwa . . .", mit ein paar langen Schritten war Papa wieder am Auto und holte den Wasserkanister heraus.

Da erscholl das Geheul wieder, diesmal etwas schwächer.

„Komm schnell, Lillepus! Es kam aus dem Wäldchen, ganz bestimmt. Es kam von einem Tier in Not, so viel konnte ich hören!"

Wir rannten los in Richtung Wäldchen. Jetzt war wieder ein schwaches Heulen zu hören, aber es schien näher bei uns zu sein.

„Wo bist du denn, Hündchen – nun belle mal richtig!" Papa hatte die gute Stimme, auf die alle Tiere horchen.

Wir gingen tiefer zwischen die Bäume, durch Brennesseln und Gestrüpp.

„Papa! Da! Guck, da links!"

Ja, da stand er. Oder vielmehr, er lag und strampelte verzweifelt, halb erstickt durch eine Wäscheleine, mit der er an einem Baum angebunden war. Er hatte sich restlos in der Leine verwickelt, war anscheinend mehrmals um den Baum gelaufen, dann war die Leine unter einen Stein gerutscht und hatte sich festgeklemmt.

Papa zog sein Taschenmesser hervor, schnitt die Leine durch und half dem armen Tier auf die Beine. Es hechelte und schien vollkommen erschöpft zu sein.

„Halt deine Hände zusammen, Elaine, so daß der Hund trinken kann!“

Ich hielt meine Hände dicht zusammen, wie ich es oft getan hatte, wenn ich an einem Bach kein Trinkgefäß hatte. Papa goß Wasser hinein, und der Hund trank gierig. Dann tauschten wir. Papas Hände faßten mehr, und der Hund trank und trank. Dreimal mußte ich die lebendige Schale füllen.

Jetzt sahen wir uns das Tier genauer an. Es war ein bildschöner kleiner Lakelandterrier, eine Hündin. Nun ja, bildschön – sie war jetzt strupplig und heruntergekommen, sie brauchte Pflege, aber man konnte doch erkennen, daß sie ein edles, reinrassiges Tier war.

Papa schnitt ein Stück von der Leine ab und band es an dem Lederriemen fest, den der Hund um den Hals trug. Natürlich ohne Namen und ohne Hundemarke.

„Wenn ich den Kerl zu fassen bekäme, der den Hund ausgesetzt hat, er könnte etwas erleben“, sagte Papa. Er war blaß vor Wut.

„Was machen wir nun mit dem Tier?“ fragte ich.

„Vorläufig nehmen wir es mit zum Auto und geben ihm unsere Butterbrote“, sagte Papa. „Und dann zur Polizeiwache im nächsten Dorf, dort melden wir, daß wir einen ausgesetzten Hund gefunden haben!“

Papa schraubte den Deckel auf den Kanister; ich kniete neben der Hündin. Sie sah mich an, dann winselte sie leise und leckte meine Wange. Ich legte ihr die Arme um den Hals – und plötzlich fing ich an zu weinen. Ich weinte so hemmungslos, so über alle Maßen – ich weinte meine ganze Trauer über Barry aus und all mein Mitleid mit diesem armen kleinen „Wegwerfhund“.

Papa strich mir über den Rücken.

„So, Kleine. So, so. Beruhige dich, Kind. Wir nehmen unseren kleinen Findling mit.“

Die Hündin war ans Autofahren gewöhnt. Kaum hatte Papa die Tür aufgemacht, sprang sie auf den Rücksitz. Ich setzte mich zu ihr, und sie legte die Vorderpfoten auf meinen Schoß.

Bei der nächsten Ausfahrt verließen wir die Autobahn, fanden das nächste Dorf und die Polizeiwache. Ich blieb bei dem Hund im Wagen und fütterte ihn mit unseren Butterbroten. Was hatte er für einen Hunger! Papa ging in das kleine Haus mit dem Polizeischild. Er blieb nicht lange fort.

„Können wir sie mitnehmen, Papa?"

„Ja. Der Polizist schien gewisse Erfahrungen zu haben mit ausgesetzten Hunden. ‚Wieder so ein Schwein', war sein Kommentar. Und nichts wäre besser, als den Hund mitzunehmen. Er erzählte mir, was ich übrigens schon wußte, und was wir immer wieder in den Zeitungen lesen: Die Tierheime sind überfüllt mit ausgesetzten Hunden und Katzen. Nun, ich habe natürlich sicherheitshalber Namen und Adresse hinterlassen, aber der Polizist hatte ganz bestimmt recht, als er sagte, er würde seine Hand dafür ins Feuer legen, daß niemand nach dem Verbleib des Tieres fragen wird. Ja, dann also nach Hause, und das auf dem schnellsten Wege!"

„Dabei waren wir uns darüber einig, daß wir vorerst keinen neuen Hund anschaffen wollten", sagte ich.

„Ja, siehst du, das Schicksal und der heilige Rochus wollten es anders", sagte Papa mit einem kleinen Lächeln.

„Wer ist Rochus?" wollte ich wissen. Ich bin nicht katholisch und weiß nicht so echt Bescheid über die verschiedenen Heiligen.

„Der Schutzheilige der Hunde", erklärte Papa. „Das heißt, eigentlich ist er der Schutzheilige der Pestkranken, und das mit den Hunden hat er sozusagen als Nebenberuf."

„Dann war es bestimmt der heilige Rochus, der uns dazu brachte, gerade an *dem* Rastplatz auszusteigen!" meinte ich und streichelte unser kleines Findelkind.

Mama pflegt zu sagen, daß man, wenn man einen Mann wie meinen Papa hat, in puncto Tiere auf alles gefaßt sein muß. Ja, sie behauptet, sie würde nicht einmal einen Schock kriegen, falls sie eines Tages einen

Wurf junger Löwen in ihrem Bett fände!

Also nahm sie es mit Fassung hin, als unser Schützling ihr als neuer Hausgenosse vorgestellt wurde.

„Comme mignonne!“ sagte sie und streichelte den Hund.

„Mama, warum sprichst du Französisch?“ fragte ich.

„Das kann ich dir sagen“, lachte Papa. „Mamas erster Hund war auch so ein kleines struppliges Etwas, eine Hündin, die Mouche hieß. Ja, ich habe Mouche noch gekannt, weißt du noch, Bernadette?“

Mama nickte und streichelte Papa die Wange.

„Ja, das war im Wallis, und es war ganz natürlich, auch die Tiere auf französisch anzureden. Und das ist wohl in Mamas Unterbewußtsein hängengeblieben! Große Hunde spricht man auf deutsch an, und die kleinen auf französisch!“

Mama hatte einen so warmen, lieben Gesichtsausdruck. Wetten, daß meine Eltern irgendeine besonders schöne, gemeinsame Erinnerung in Verbindung mit Mouche hatten! Mama stieg auf den Boden und holte Barrys Futternapf und sein Wasserschälchen, alles, was sie weggeräumt hatte, damit wir es nicht mehr sehen sollten.

Dann öffnete sie eine übriggebliebene Dose Hundefutter, und unsere kleine Neuerwerbung ließ sich ihr Fressen schmecken.

„Nun erzählt doch endlich, woher habt ihr den Hund?“ fragte Mama. Und wir erzählten, das heißt, ich erzählte, und zwar so eifrig, daß die Worte übereinanderpurzelten!

Als ich geschildert hatte, in welcher Verfassung wir den Kleinen gefunden hatten, bekam Mama ganz blanke Augen.

Sie streichelte das Hündchen noch einmal.

„Pauvre petite orpheline“, sagte sie leise.

Ich kann, wie schon gesagt, Französisch und wußte, daß „orpheline“ Waise bedeutet.

„Lassen wir das ‚or‘ weg“, schlug ich vor. „Bleiben wir bei Feline! Das ist doch ein hübscher Name für eine Hündin?“

„Einverstanden“, lächelte Papa.

Als ich an diesem Abend schlafen ging, stand eine in aller Eile zurechtgemachte Kiste vor meinem Bett, und darin lag Feline. Ich streckte die Hand aus, kraulte ihr den Hals, und sie richtete den Blick auf mich. Einen Blick voll Hingabe und Dankbarkeit.

Ich schlief ein mit meiner Hand auf Felines Kopf.

Die Überraschungen hören nicht auf

Wir waren nicht mehr allein im Haus.

Tante Elsbeths Wohnung war vorübergehend vermietet worden, an eine Familie, die darauf wartete, daß ihr neues, eigenes Haus fertig werden sollte. Es würde voraussichtlich etwa zwei Monate dauern. Es waren nette, freundliche Leute, und wir wünschten eigentlich, daß sie gar kein neues Haus gebaut hätten! In einem Zweifamilienhaus ist es doch so wichtig, daß die beiden Familien sich gut verstehen! Es dauerte nicht lange, dann hatte Frau Fredensen schon die ersten Kochrezepte mit Mama getauscht, Marcus spielte Indianer mit Fredensen junior im Garten, Papa hatte Herrn Fredensen gute Ratschläge fürs Amateurfilmen gegeben, und ich bekam Kotelettknochen und andere gute Sachen für meine Feline.

Ja, Feline war ganz und gar *mein* Hund. Von dem Augenblick an, wo sie draußen im Wald aus meinen Händen ihren Durst stillte, gehörte sie mir. Sie war sehr freundlich zu Mama und Papa, sie spielte gern mit Marcus, aber ich war ihre Herrin!

„Das Tier gibt mir immer neue Rätsel auf“, sagte Papa. „Sie ist gut erzogen, sie ist so zutraulich, wie nur ein gut behandelter Hund es ist. Wie in aller Welt können Leute, bei denen sie es anscheinend gut gehabt hat, sie aussetzen?“

Feline konnte Pfötchen geben und Männchen machen, sie rannte fröhlich zur Tür, wenn wir fragten: „Möchtest du Gassi gehen?“ Auf der Straße benahm sie sich vorbildlich. Wenn sie mal mußte, ging sie brav in den Rinnstein, sie ging artig an der Leine, sie bellte keine Katzen an. Mit unserem alten Anton ging es auch gut. Anton war an

Hunde gewöhnt, und Feline zeigte auch keine feindlichen Gefühle. Ja, nach zwei Wochen war es schon so weit, daß die beiden friedfertig aus demselben Napf fraßen.

Sie lag brav und still in ihrer Kiste – Barrys Korb wäre viel zu groß gewesen – während ich meine Schularbeiten machte. Sie ließ mich vollkommen in Ruhe, und das war auch nötig, denn der Jahresabschluß nahte, und ich sollte doch ein gutes Zeugnis vorweisen können!

Aber es gab so allerlei, was mich ablenkte und es mir schwer machte, nicht richtig auf die Schule zu konzentrieren.

Erstens bekam ich nun die feierlichen Papiere, die mich mit Stempeln und Unterschriften zur gesetzlichen Eigentümerin von Haus „Föhreneck" in dem Dorf Rosenbüttel machten. Erst bei dieser Gelegenheit erfuhr ich, daß mein Haus auch einen Namen hatte!

Dann mußte ich feststellen, daß mein Felinchen Dinge von mir verlangte, auf die ich ganz unvorbereitet war. Ich konnte sonntags nicht mit Eltern und Bruder in den Zoo gehen, wie wir es immer getan hatten. Früher war das kein Problem gewesen; während wir weg waren, kümmerten Tante Elsbeth und Frau Janssen sich um Barry, und Anton kam ohne Gesellschaft sehr gut zurecht. Jetzt mußte ich aber bei meinem Hündchen bleiben! Es kam nicht in Frage, sie den ganzen Tag allein zu lassen! Also machten wir beide Sonntagsspaziergänge. Manchmal kam meine Freundin Hilde mit, manchmal gingen Feline und ich allein.

„Es ist komisch mit Feline", sagte ich. „Sonst zerrt sie nie an der Leine, aber wenn sie eine Ente sieht, wird sie verrückt."

„Paß bloß auf, daß sie keine Ente tötet!" ermahnte mich Mama.

Da mußte ich lachen.

„Ich meine doch keine lebendige Ente! Ich meine ein Auto! Einen kleinen Citroën – einen 2 CV! So ein Wagen muß irgendwie eine Rolle in Felines Leben gespielt haben!"

Ich mußte jeden Tag eine halbe Stunde eher aufstehen, um Feline auszuführen. Wenn ich zur Schule ging, stand sie, die Vorderpfoten auf der Fensterbank, und guckte mir nach. Wenn ich zurückkam, saß sie auf der Fensterbank in meinem Zimmer und hielt Ausschau.

„Du machst dich abhängig von dem Tier", meinte Hilde. „Und du fütterst sie zu gut. Sie ist unbedingt zu dick geworden. Oder kriegt sie vielleicht Kinder?"

„Was? Meinst du wirklich ... Ach, du lieber Himmel! Vielleicht haben die Leute sie deswegen ausgesetzt! Vielleicht hat sie ein unerlaubtes Abenteuer gehabt, und sie wollten nicht die ganze Mühe mit einem Wurf Bastarde haben! Hilde, Mensch, ich gehe morgen zum Tierarzt!"

Ich tat es. Ich kenne den Tierarzt gut, er hat ja über viele Jahre Barry und Anton betreut.

„So eine Schweinerei", war sein sehr direkter Kommentar, als ich erzählte, daß mein Felinchen ein armer Wegwerfhund gewesen war. „Die Kleine kann ja von Glück reden, daß sie zu euch gekommen ist. Na, stell sie mal auf den Tisch, wir werden sie eben ansehen."

Er betastete sie, drückte die Hände gegen ihr Bäuchlein, dann grinste er breit.

„Elaine, hast du schon die Wurfkiste parat? Komm, leg deine Hand dahin – nein so, ein bißchen weiter nach hinten – merkst du was?"

Ich merkte was! Eine ganz deutliche Bewegung in Felines Bauch!

„Fühlen kann ich allerdings nur ein Junges", sagte der Tierarzt, „aber möglich ist es schon, daß sie noch ein paar auf Lager hat. Also, bloß keine Hungerkur, der runde Bauch ist ihr gutes Recht! Kalktabletten geben, ich schreibe dir welche auf. Und eine Wurfkiste zurechtmachen. Ich schätze, daß die Geburt in etwa zwei Wochen zu erwarten ist!"

„Heiliger Bimbam!" rief Mama.

„Das kann ja gut werden!" war Papas Kommentar.

„Au fein!" sagte mein Bruder. „Dann kriege ich einen Welpen, nicht, Elaine?"

Ich studierte Hundebücher, so daß ich die Schulbücher darüber vergaß. Wie schön wäre es gewesen, wenn ich so viel über englische Grammatik, lateinische Wörter und geschichtliche Jahreszahlen gewußt hätte, wie ich jetzt über Hundegeburten wußte!

Feline fing an, Zeitungspapier zu zerreißen und in ihre Kiste zu tragen. Da wühlte sie herum, trampelte eine Art Nest zurecht, zerrte an der Decke, kurz gesagt: sie brachte ihr Wochenbett nach Hundeart in Ordnung.

Der Tierarzt hatte mir erklärt, daß dies Felines erste Schwangerschaft war. Er hatte übrigens ihr Alter auf etwa zwei Jahre geschätzt. Also handelte sie ganz und gar nach ihrem Instinkt, sie wußte schon, wie man sich auf eine Geburt vorbereiten sollte!

Ich hatte alles parat gelegt, was im Hundebuch stand: keimfreien Mull, eine nicht zu scharfe Schere für den Fall, daß Feline nicht begreifen würde, daß sie die Nabelschnur durchbeißen sollte. Ein paar saubere Lappen, eine Flasche Jod.

Dann kam der Tag, an dem Feline jegliches Essen verweigerte. Sie wühlte wieder in ihrer Kiste, war unruhig, ganz anders als sonst. Abends legte sie sich allerdings schlafen – aber wie lange?

Ich wachte mitten in der Nacht auf. Feline hatte gewinselt. Ich machte das Licht an, und jetzt sah ich, daß die Wehen eingesetzt hatten. Dann kamen Pausen. Feline leckte meine Hand, dann fingen die Wehen wieder an. Nach einer Weile sah ich, daß das Fruchtwasser abging. Jetzt dürfte es nicht mehr als eine halbe Stunde dauern, dann mußte das erste Junge kommen. Wenn nicht, mußte ich den Tierarzt anrufen, so stand es im Hundebuch!

Aber kaum waren zehn Minuten vergangen, krümmte Feline sich zusammen und preßte, preßte – es kam ein kurzes Aufschreien, und da – da kam etwas zum Vorschein! Es war rundlich, dunkel, naß – etwas bewegte sich in der grauschwarzen Eihaut.

Aber das Etwas war nicht ganz herausgekommen, nur das kleine runde Hinterteil war da. Ich riß das Päckchen mit dem keimfreien Mull auf, faßte vorsichtig damit um das kleine Hinterteil und wartete, bis Feline noch einmal preßte. Dann zog ich – und plötzlich saß ich da, mit einem kleinen, nassen, lebendigen Bündel in der Hand.

Ich legte es hin zu Feline, aber sie war ganz erschöpft und rührte sich nicht. Also riß ich vorsichtig die Eihaut durch, das Kleine bewegte sich – und mit einem Schlag waren Felines Mutterinstinkte wach! Sie fing eifrig an zu lecken, entfernte die Reste der Eihaut, biß die Nabelschnur durch, und als die Nachgeburt kam, tat sie das, was alle Hündinnen tun und was richtig und von der Natur so gewollt ist: sie fraß sie auf. Dann schob sie ihr Baby hin zu den Zitzen, ein kleines Schnäuzchen suchte und fand – und Mutter und Kind waren glücklich und entspannt.

Ich war wahnsinnig neugierig, das Kleine richtig anzusehen, aber ich beherrschte mich. Ich saß nur ganz still da, streichelte Felines Kopf, bot ihr Trinkwasser an – und wartete auf das nächste Junge.

Die Minuten vergingen, es wurde eine halbe Stunde daraus, eine ganze Stunde. Nichts geschah. Feline kringelte sich zufrieden um das kleine schwarze Etwas und schlief ein.

Sie wachte erst auf, als meine Tür aufgemacht wurde. Es war Papa.

Ich legte den Finger auf den Mund, mit der anderen Hand zeigte ich in die Wurfkiste. Papa lächelte, streichelte Feline, und sie bewegte fröhlich das Stummelschwänzchen.

Felines Erstgeborenes blieb ein Einzelkind. Es kam nichts mehr! Kein Wunder, daß der Tierarzt bei der Untersuchung gesagt hatte, er fühle nur einen Welpen!

Als die Sonne ihre ersten Strahlen in mein Zimmer sandte, saßen wir alle um Felines Kiste. Jetzt wagte Papa das Kleine hochzuheben, stellte fest, daß es ein kleiner Rüde war – und dann sahen wir uns das Gesichtchen an.

Es hatte eine vollkommen flachgedrückte Nase, das Köpfchen ähnelte überhaupt nicht dem feinen, edlen Kopf der Mutter. Es war breit und rund, und vor allem war die flachgedrückte Nase urkomisch.

„Heiliger Bimbam!" sagte Papa.

„Du grüne Neune!" stöhnte ich.

„Du liebes bißchen!" hauchte Mama.

„Du solltest lieber ‚du liebes Bisken' sagen", korrigierte mein Bruder, der sich in unserer eigentlichen Muttersprache besser auskennt als ich. „Wenn Omi einen Hund streichelt, sagt sie immer ‚Na, Bisken!'"

„Stimmt", lächelte Mama. „Wenn du es nicht weißt, Elaine, kann ich dir sagen, daß ‚Bisken' das norwegische Wort für ‚Hündchen' ist."

„Also sagen wir ‚du liebes Bisken'", nickte ich. „Bisken ist doch ein lustiger Hundename! Und lieb wird er uns sicher werden, wenn er auch nur einen Druckknopf statt einer Nase hat!"

Papa nahm Feline mit hinaus, es war bestimmt höchste Zeit, daß sie ihr Geschäftchen erledigte. Das tat sie auch, in größter Eile, und war dann wie ein Blitz wieder zurück bei ihrem Kind.

Ich tat, wie es im Hundebuch stand, ich bot ihr ein Schälchen Haferschleim mit Milch an. Sie schlabberte es mit Appetit, und ich blieb sitzen und sah mir wieder und wieder das urkomische, krabbelnde, kleine Wesen an. Dann streichelte ich es mit einem Finger.

„Kleines Bisken", flüsterte ich. „Wir werden lieb zu dir sein, was auch aus dir wird. Unser kleines Hündchen! Du liebes Bisken!"

Die Ente

Ich weiß nicht, wem ich es zu verdanken habe, daß ich zur Jahresprüfung einigermaßen gut abgeschnitten habe. Ich glaube, es muß mein persönlicher Schutzengel gewesen sein. Jedenfalls steht fest, daß es nicht die beiden Hunde waren! Sie lenkten mich derart von der Arbeit ab, daß ich mit Herzklopfen und Ängsten zur Prüfung ging – und dann hatte ich ein unwahrscheinliches Glück. Mein Schulwissen sah aus wie eine Reihe Gedankenstriche, die unzählige Lücken verbanden, und ich hatte das Glück, daß ich auf dem Gebiet der Striche und nicht mitten in den Lücken geprüft wurde!

Danach konnten wir mit Koffern und Kisten, mit unserem Felinchen und dem zwei Wochen alten Bisken nach Rosenbüttel fahren. Ja, und mit Papas Filmausrüstung! Und daran war ich schuld.

„Papa“, hatte ich gesagt, ich habe eine Idee! Du hast doch einmal einen Baum gefilmt, ein ganzes Jahr hindurch, so daß man sehen kann, wie die Knospen sich entfalten, und wie im Herbst die Blätter fallen . . .“

„Stimmt. Damals war ich ungefähr so alt, wie du es jetzt bist.“

„Und du hast Preise für den Film gekriegt!“

„Ja, und was hat das mit deiner Idee zu tun?“

„Mach doch dasselbe mit Bisken! Mach ein ganz winziges Stück jeden Tag, und wenn du dann den Film zeigst, wird er vor unseren Augen wachsen – was im Laufe von Monaten geschieht, werden wir später in Minuten sehen.“

„Hm“, sagte Papa. „Eigentlich keine so ganz schlechte Idee. Wir werden es versuchen. Aber du mußt mir helfen. Sollte ich mal verhindert sein, mußt du die Aufnahmen machen, denn wenn da Lücken entstehen, ist deine ganze Idee im Eimer!“

„Du kannst dich auf mich verlassen!“ versicherte ich.

Also wurde das eine Ende eines langen Holzbrettes mit einer Decke bespannt, dahinter kam ein leuchtend gelber Hintergrund, und am anderen Ende wurde eine alte Kamera, die Papa nicht mehr brauchte, festgeschraubt. Bisken wurde vor den gelben Hintergrund gelegt, Papa machte eine Aufnahme von ein paar Sekunden, und der Anfang war gemacht!

Jeden Abend dasselbe. Man mußte schon fest dabeibleiben, denn Bisken wuchs unheimlich schnell. Feline hatte eine Menge Milch, und Bisken trank und trank und bekam bald die Form einer zu fest gestopften Leberwurst!

Also mußten wir auch das ganze Brett mit Kamera und Hintergrund mit nach Rosenbüttel nehmen! Wie gut, daß Mama auch einen Wagen hatte! Wir fuhren sozusagen „in Kortege“ zu unserem Sommerhäuschen!

Mama und ich in ihrem alten Käfer, mit dem Hundekörbchen auf der Hinterbank. Die beiden Männer mit dem ganzen Gepäck, unseren

Fahrrädern und der Filmausrüstung in Papas Kombiwagen. Irgendwo dazwischen hatte Kater Anton auch einen Platz gefunden.

Auf halbem Wege machten wir eine Pause, gaben den Tieren zu trinken und verschafften ihnen die Gelegenheit, ihr Geschäftchen zu verrichten.

Ich warf einen Blick über die Autobahn. In der anderen Richtung war ein Rastplatz, und dahinter ein Wäldchen.

„Papa!" rief ich. „Hier war es doch! Hier haben wir Felinchen gefunden!"

„Stimmt", sagte Papa. Er streichelte Feline. „Daran denken wir nicht mehr, Felinchen, das wollen wir vergessen, nicht wahr? Jetzt hast du es doch gut?"

Feline wedelte mit ihrem Stummelschwänzchen und sah Papa anbetend an. Dann sprang sie wieder in den Wagen und kümmerte sich um ihr Baby.

Es war ein neues, herrliches Gefühl, in das eigene Haus einzuziehen! Nicht in eine Ferienwohnung, nicht besuchsweise bei – allerdings sehr lieben – Verwandten, sondern in ein ganzes Haus, in *mein* Haus, das dalag und nur auf uns wartete!

Kaum waren wir mit dem Auspacken fertig, lief ich zu Dorte hinüber. Ich fand sie in der Küche, bei einem Riesenabwasch.

„Nanu, so fleißig, Dorte?" fragte ich, holte mir ein Geschirrtuch und fing an, abzutrocknen.

„Es bleibt mir nichts anderes übrig", erklärte Dorte. „Mutti muß sich um Opa kümmern, er liegt im Bett mit einem scheußlichen Ischias."

Du liebe Zeit! Und dabei hätten wir Opa so dringend gebraucht! Denn jetzt *mußte* etwas mit meinem Garten geschehen!

„Glaubst du, daß ich ihn besuchen kann?"

„Heute lieber nicht. Vielleicht in ein paar Tagen. Fein, daß ihr gekommen seid! Ihr bleibt doch den ganzen Sommer hier?"

„Und ob! Komm uns besuchen, wann du willst, Dorte. Ich möchte dir doch unsere neuen Tiere vorführen!"

Ich erzählte von Feline und wie wir sie gefunden hatten, und Dorte drückte sich genau so aus wie der Polizist damals: „So eine Schweinerei!"

Sie lachte laut, als ich von der Überraschung erzählte, die Feline uns mit ihrem Kind bereitet hatte, und versprach, am folgenden Tag auf einen Sprung zu uns zu kommen. Sie wollte auch mit unserem Freund im Reitstall sprechen. Vielleicht würde er uns Bescheid geben, wenn ein Pferd unbedingt bewegt werden mußte, so daß wir zu einer billigen Reitstunde kommen konnten.

Mit anderen Worten: Es war alles so schön, wie wir es uns besser gar nicht wünschen konnten!

Nicht, daß wir nur faulenzten und uns in Liegestühlen im Garten räkelten! Im Garten waren wir schon, aber da mußten wir arbeiten! In dem hübschen, kleinen Vorgarten blühten und gediehen die Blumen, aber leider gedieh das Unkraut genausogut. Es mußte andauernd gejätet werden. Jedenfalls von der Straße aus sollte es anständig aussehen, das verlangte Mama!

Ich war beim Gärtner und kaufte ein paar hübsche Pflanzen, die ich auf Barrys Grab pflanzte.

„Wir wollen keinen Kult treiben", hatte Papa gesagt. „Nichts mit Grabstein und so, wir wollen keine Friedhofsausstattung haben. Wir machen einfach ein nettes Blumenbeetchen zurecht, das fällt nicht als Grab auf. Und nur wir wissen, warum wir dieses Beet besonders gut pflegen!"

Papa betätigte sich als Baumeister. Er war eifrig dabei, den Schuppen, das ehemalige Behelfsheim, in Ordnung zu bringen. Da waren zwei Räume gewesen, eine Wohnküche und eine kleine Stube. Aus der Wohnküche wurde jetzt ein Arbeitsraum für Papa, und die Stube wurde bald mit meinen Töpfersachen angefüllt.

„Weißt du was, Elaine", sagte Papa, „ich schlage vor, daß wir hier deinen Ofen aufstellen. Mit unserer Wohnung in Frankfurt ist alles unsicher, hier kann der Ofen stehenbleiben, und . . ."

„. . . und ich komme nur in den Ferien zum Töpfern und habe in Frankfurt mehr Zeit für die Schularbeiten", ergänzte ich. „Das wolltest du doch sagen, Papa?"

„Etwa in dieser Richtung, ja!"

„Gut, mir soll es recht sein", erklärte ich. „Dann geht es nur noch darum, einen kleinen Ofen zu kaufen!"

Papa und ich fuhren nach Hannover und fanden, was wir suchten. Und das erste, was ich in meinem eigenen Ofen brannte, waren zwei Näpfe mit den Namen „Feline" und „Bisken" darauf!

Bisken war jetzt so groß und selbständig geworden, daß Feline ihn ab und zu verlassen konnte. Ich nahm sie mit, wenn ich zum Kaufmann ging, und manchmal ließ sie ihr dickes Kind ein Weilchen allein und gesellte sich zu uns, wenn wir im Garten zu tun hatten. Feline war uns allen sehr ans Herz gewachsen. Was mit dem kleinen, flachnäsigen Bisken geschehen sollte – darüber hatten wir nie gesprochen. Ich hatte so den Verdacht, daß wir ihn behalten würden. Keiner von uns würde es übers Herz bringen, ihn wegzugeben. Und außerdem, wer würde wohl eine so unglaublich komische Mischung haben wollen?

Und ihn töten? Lieber Himmel, nie!

Nein, unser Bisken würde unser drittes Haustier bleiben, davon war ich überzeugt!

Ich kam vom Kaufmann, hatte viel zu tragen, und als ich Feline losmachte, die vor dem Geschäft angebunden gewesen war, hatte ich nur zwei Finger frei für die Hundeleine.

Wir waren nur wenige Schritte gegangen, als ein Auto an uns vorbeifuhr, eine kleine grüne Ente. Und dann, ganz plötzlich, passierten zwei Dinge genau gleichzeitig. Feline heulte auf, riß sich von mir los und rannte dem Auto nach. Und im gleichen Augenblick hielt der Wagen mit quietschenden Bremsen, die Tür wurde aufgerissen – und mit einem Hechtsprung war Feline drin, auf dem Schoß des Fahrers. Sie winselte, sie heulte, ja, sie schrie – und sie leckte das Gesicht des Fahrers wieder und wieder.

„Cora!" rief der Fahrer – jetzt sah ich, daß es ein ganz junger Mann war. „Cora, meine Cora! Herrgott, Corachen, wie kommst du hierher? Mein Hündchen, meine Kleine . . .", der junge Mann wischte sich schnell die Augen mit dem Handrücken.

Jetzt war ich an die offene Autotür gekommen. Ich wollte etwas sagen, aber der junge Mann kam mir zuvor.

„Wie in aller Wellt kommst du zu meinem Hund? Du siehst doch nicht wie eine Hundediebin aus!"

„Diebin!" rief ich wütend. „Von wegen Diebin! Aber wenn ich einen halb verdursteten, beinahe erstickten, ausgesetzten Hund finde, dann nehme ich ihn mit, und dann gehört er mir!"

„Was heißt hier ausgesetzt? Als ob ich jemals meine Cora aussetzen würde! Daß man einen Hund für ein paar Minuten anbindet, während man eine schnelle Besorgung macht . . ."

„Nun mach mal einen Punkt! Da war weit und breit kein Mensch zu sehen, und was für Besorgungen macht man mitten in einem Wald an der Autobahn?"

Der junge Mann, der immer noch Feline in den Armen hielt, machte entsetzte Kulleraugen.

„Hör mal, du. Ich glaube, hier muß etwas aufgeklärt werden, und letzten Endes haben wir vielleicht keinen Grund dazu, uns gegenseitig anzukläffen! Paß mal auf: Diesen Hund habe ich am neunzehnten April vor einem Supermarkt in Lübeck angebunden, während ich schnell ein Paket Hundekuchen holte. Leider mußte ich an der Kasse etwas warten, das Ganze dauerte vielleicht – nun ja, allerhöchstens zehn Minuten, und als ich rauskam, war Cora weg!"

„Dann war es doch nicht dieser Hund", sagte ich. „Denn unsere Feline haben mein Vater und ich in einem Wäldchen hinter einem Rastplatz an der Autobahn gefunden, ungefähr auf halber Strecke zwischen Hannover und Frankfurt, und das war am vierzehnten Mai!"

„Was?" rief der Mann. „An der Autobahn? Aber wie in aller Welt – dann hat also der Dieb meine Cora ausgesetzt!"

„Es kann nicht dein Hund sein!" wiederholte ich.

„Und ob es mein Hund ist! Warte mal, das werden wir gleich haben.

Du hast Cora seit dem vierzehnten Mai! Dann mußt du gemerkt haben, wie ängstlich sie immer um ihre linke Vorderpfote ist! Da hatte sie einmal eine Verletzung und wurde beim Tierarzt genäht, die Narbe ist da – paß mal auf, da wo ich jetz meinen Daumen halte, ich brauche gar nicht hinzugucken. Hier, auf der Innenseite – ruhig, Corachen, zeig dein Pfötchen –, siehst du es?"

„Ja", flüsterte ich. Und mein Herz wurde schwer in meiner Brust. Sollte dies stimmen, dann mußte ich Felinchen zurückgeben – ich mußte mich von meinem geliebten Hündchen trennen.

„Und du hast doch gesehen, wie unbändig sie sich über unser Wiedersehen gefreut hat? Herrgott, wie waren wir verzweifelt, als sie uns gestohlen wurde! Wie hat meine Mutter geweint, tagelang! Wir haben Zeitungsinserate aufgegeben, haben alles Menschenmögliche unternommen, haben einen fürstlichen Finderlohn ausgesetzt, haben es bei der Polizei gemeldet, und . . . ach, ich Esel, natürlich: Sag mal, hat sie geworfen? So um den dreizehnten Juni herum? Siehst du, ich war ja an dem Tag im April mit ihr unterwegs zum Tierarzt, sie hatte sich eine Woche vorher mit dem Nachbarhund vergessen, das kleine unmoralische Biest, und ich wollte den Tierarzt fragen . . . Aber wenn dieses unerlaubte Stelldichein Folgen gehabt hat, muß sie ihre Kinder so in den Tagen zwischen dem zehnten und dem fünfzehnten Juni geboren haben."

Jetzt war ich an der Reihe, meine Augen zu wischen. Denn jetzt war kein Zweifel mehr möglich.

„Ja", sagte ich mit zitternden Lippen. „Sie hat am dreizehnten Juni geworfen."

„Und die Welpen? Leben sie noch? Wie sehen sie aus? Haben sie Druckknöpfe statt Nasen? Der Vater ist nämlich so ein kleines mopsähnliches Wesen, das heißt, es ist ein Bostonterrier!"

Ich nickte, mußte mich gewaltig räuspern, und es war wohl nur ein heiseres Flüstern, das ich zustande brachte.

„Es kam nur ein Welpe. Und er hat eine kleine, flache Nase. Wir haben ihn behalten, wir lieben ihn schon!"

Wieder mußte ich mir die Augen wischen.

„Wohnst du hier in der Nähe? Ich möchte doch mit deinen Eltern sprechen! Kann ich mit dir nach Hause kommen?"

„Ja", sagte ich.

„Dann steig ein. Warte mal, es sieht hier wüst aus. Na, ich mache schnell den Sitz hier frei – kannst du Cora auf den Schoß nehmen? Komm, gib mir deine Taschen, wir werden sie wohl hier einpferchen können, ich habe ja eine ganze Campingausrüstung im Wagen, ach, das wird schon gehen. Setz dich rein, hier hast du Cora, oder wie nanntest du sie? Feline? Also Cora-Feline , sitz hübsch bei deinem neuen Frauchen – ach ja, übrigens, ich heiße Ingo Moorhof, und du?"

„Elaine Grather."

„Eine merkwürdige Art, sich kennenzulernen!" sagte Ingo mit einem kleinen Lächeln. „Na, dann erklär mir, wie ich fahren soll. Ist es weit?"

„Nein. Mit dem Wagen höchstens drei Minuten. Hier links einbiegen und dann der dritte kleine Seitenweg rechts."

Mama war beim Jäten im Vorgarten, als die grüne Ente angerollt kam. Sie sah mich fragend an, als ich ausstieg.

„Nanu, Elaine, hast du Bekannte getroffen?"

„Nur einen", sagte ich. Ich biß mir auf die Lippen. „Mama, Felinchen hat ihr richtiges Herrchen gefunden. Er hat sie nicht ausgesetzt, das hat ein Hundedieb gemacht. Und jetzt will er Feline zurückhaben. Hier ist er. Er heißt Ingo Moorhof. Ingo, dies ist meine Mutter."

Ich konnte nicht mehr. Ich rannte ins Haus und ließ den Tränen freien Lauf.

Der neue Gärtner

Mama hatte Ingo zum Essen eingeladen.

„Wir müssen alles in Ruhe besprechen", sagte sie mit ihrem offenen, freundlichen Lächeln. „Daß Sie Ihren Hund wiederhaben wollen, verstehe ich. Aber was ist mit dem Welpen? Wir können eine Hundemutter nicht von einem fünf Wochen alten Baby trennen!"

Das sah auch Ingo ein.

Papa machte eine Besorgung in Hannover, aber er hatte versprochen, zu Mittag zurückzukommen. Während wir auf ihn warteten, zeigte ich Ingo das Grundstück, und er machte Bekanntschaft mit Anton und natürlich vor allem mit Bisken. Er nahm den Kleinen auf den Arm und lachte laut.

„Dem Vater wie aus dem Gesicht geschnitten! Aber er scheint das Fell der Mutter zu kriegen, und was die Farbe betrifft . . ."

„Er war zuerst ganz schwarz", erklärte ich. „Aber ich finde, er fängt jetzt an, etwas bräunlich zu werden. Der Himmel weiß, was aus ihm wird – aber wonnig ist er doch!"

„Und wie!" lächelte Ingo. „Und ihr wollt ihn tatsächlich behalten?"

„Jetzt mehr denn je!" rief ich. „Denn du nimmst ihn uns doch nicht weg? Es ist so schrecklich, daß wir Feline – ich meine, daß wir Cora hergeben müssen. Kannst du uns nicht jedenfalls Bisken schenken?"

„Klar tue ich das. Nun geh mal zu deiner Mutti, du Knäuelchen! Wie, sagtest du, heißt er? Bisken? Komischer Name!"

„Kommt von ‚du liebes bißchen', erklärte ich. „Aus ‚bißchen' haben wir Bisken gemacht. Es ist norwegisch und bedeutet Hündchen."

„Seid ihr denn Norweger?"

„Ja, meine Eltern unbedingt – nun ja, mein Bruder und ich auch, aber wir sind beide in Deutschland geboren, und wir sprechen viel besser Deutsch als Norwegisch."

Ingo blieb stehen und sah unsere drei Tiere belustigt an. Kater Anton hatte es sich zur Gewohnheit gemacht, sich sehr um Bisken zu kümmern. Wenn Feline eine Ruhepause brauchte, war Anton gleich da und fing an, den dicken kleinen Welpen geschickt zu lecken und zu massieren.

„Schön haben die Tiere es hier", meinte Ingo. „So viel Auslauf! Aber sag mal, wollt ihr nichts aus diesem schönen Grundstück machen? Soll es immer nur Auslauf für die Tiere sein?"

„O nein, durchaus nicht!" erwiderte ich. „Aber weißt du, wir haben das Haus erst seit einem Vierteljahr, wir sind noch nicht dazu gekommen – und der, der uns helfen sollte, liegt mit Ischias im Bett! Nein, das Grundstück ist unser schlechtes Gewissen, aber nächstes Jahr *soll* es in einen anständigen Garten verwandelt werden! Mit Gemüse und Blumen und Beeren und allem, was zu einem richtigen Garten gehört!"

„Da habt ihr aber ein nettes Blumenbeet", sagte Ingo. Er war neben Barrys Grab stehengeblieben.

„Da liegt unser Barry begraben", sagte ich leise. „Unser Bernhardiner. Er wurde siebzehn Jahre alt. Er starb am zwölften Mai, am nächsten Tag fuhren Papa und ich hierher, um ihn auf unserem eigenen Grundstück zu begraben."

„Aber du sagtest doch, das ihr Cora am vierzehnten gefunden habt?"

„Ja. Als wir zurückfuhren, sprachen wir gerade darüber, daß wir uns vorläufig keinen neuen Hund anschaffen wollten. Übrigens konnten wir kaum sprechen, ich jedenfalls saß weinend im Auto. Nun ja, dann machten wir also eine Pause auf einem Rastplatz, und dort hörten wir ein jämmerliches Heulen. Wir gingen auf die Suche, und da stand unser Felinchen – ich meine, deine Cora! – an einem Baum angebunden, und . . .", ich mußte wieder schlucken.

„Gott sei Dank, daß ihr sie mitgenommen habt", sagte Ingo leise. Er bückte sich und streichelte Cora, was sie mit einem begeisterten Lecken quittierte. „Es gibt genug Menschen, die in einem solchen Fall nur sagen würden: ‚Das geht uns nichts an', und davongefahren wären!"

„Es ist unfaßbar", meinte ich. „Wenn man versteht, daß ein Tier, oder auch ein Mensch in Not ist, dann tut man doch alles, um ihm zu helfen!"

„Du und deine Familie, ja", sagte Ingo. „Und ich selbst und meine Familie auch. Aber es gibt so viele, die – nanu, Cora, was willst du jetzt?"

Cora hatte einen trockenen Zweig geholt und setzte sich vor Ingo, guckte ihn eindringlich an.

„Ach, Corachen, was hast du für ein gutes Gedächtnis! Gut, dann zeig mal, was du kannst!"

Er hielt den Zweig etwa einen halben Meter über der Erde, und Cora sprang in einem hohen Bogen darüber.

„Und dann, Cora? Was kommt jetzt?"

Er stand still, den rechten Arm etwas angewinkelt. Mit einem Hechtsprung erreichte Cora den Arm, genauso, wie ich es bei Hundedressuren im Zirkus gesehen hatte. Jetzt saß sie glücklich auf Ingos Arm und leckte liebevoll sein Gesicht.

Die Narbe an der Pfote, Biskens Geburt – und Biskens Aussehen! – waren die unbedingten Beweise dafür, daß unsere Feline Ingos Cora war. Aber diese Beweise hätten wir nicht gebraucht. Coras Glück, als sie Ingo wiedertraf, war der allerbeste Beweis.

„Es ist nicht zu fassen", sagte Ingo leise. „Wenn du wüßtest, wie oft ich geträumt habe, daß wir unsere Cora wiederfanden – und wie schrecklich es war, aufzuwachen und weiter in der Ungewißheit zu leben! Siehst du, einen lieben Hund zu verlieren, so wie ihr euren Barry verloren habt, ist furchtbar. Aber es ist nichts – ich sage dir, es ist gar nichts dagegen, Wochen und Monate in Ungewißheit zu leben. Wie oft hat meine Mutter gesagt: ‚Wenn wir bloß wüßten, daß Cora tot wäre, das wäre doch besser.' Und jetzt stehe ich hier und fürchte, daß ich gleich in meinem Bett in Lübeck aufwache, und alles ist wieder ein Traum gewesen!"

„Soll ich dich vielleicht in den Arm zwicken?" bot ich ihm an. „So daß du einen dicken blauen Fleck kriegst?"

„Ist nicht nötig, Elainchen", klang eine Stimme hinter uns. Wir drehten uns beide um, und da stand Papa. Anscheinend hatte Mama ihn orientiert, denn er wußte schon genau Bescheid.

„Das ist ja eine unglaubliche Geschichte", fuhr er fort und reichte Ingo die Hand. „Ich bin also Elaines Vater, wie Sie verstehen, und Coras Ersatzherrchen. Ich freue mich sehr für Sie – und ich bin ein bißchen traurig, daß wir unser Felinchen hergeben müssen."

„Herr Grather, ich kann gar nicht ausdrücken, wie dankbar ich bin, daß Sie sich so rührend um Cora gekümmert haben."

„Gekümmert ist gut! Ihre Cora traf auf uns, als wir sie am dringendsten brauchten; sie hat uns über die erste, schwere Zeit nach Barrys Tod hinweggeholfen. Und nicht nur das, wenn sie uns jetzt verläßt, hat sie dafür gesorgt, daß wir einen Ersatz haben – und was für einen! Na, Bisken, zeig mal, daß du laufen kannst, du kleine Leberwurst – ich will doch auch einen Hund auf dem Arm haben!"

Bisken kam angewatschelt, fiel um, kam wieder auf die Beine, wurde von Kater Anton helfend geschubst, und dann nahm Papa ihn auf den Arm. Ich hob Anton auf, er setzte sich wie immer auf meiner Schulter zurecht, und dann wanderten wir in einer Prozession zurück zum Haus.

„Es gibt Essen in fünf Minuten", verkündete Mama. „Aber, Herr Moorhof, wollen Sie nicht Ihre Mutter anrufen? Elaine sagte doch . . ."

„Ja, furchtbar gern", erwiderte Ingo. „Ich brenne ja darauf, meiner Mutter von diesem Wunder zu erzählen!"

Das Telefon stand im Flur, und es ließ sich nicht vermeiden, daß wir das Gespräch – oder Ingos Teil davon – mithörten.

„Muttchen, ich bin's. – Oh, fein, prima! – Nein, ich war schon auf dem Heimweg, ich bin in einem Dorf mit dem reizenden Namen Rosenbüttel. Muttchen, setz dich mal hin. Ich muß dir etwas erzählen. Nichts Schreckliches, es ist etwas sehr Schönes! Hast du dich hingesetzt? Halt dich sicherheitshalber auch fest. Muttchen, paß mal auf:

Wir haben unsere Cora wieder! – Ja, wirklich! Sie sitzt hier neben mir! – O ja, gesund und munter, bei reizenden Menschen."

„Hört, hört!" flüsterte Papa und lachte.

„Nein, um Gottes willen, wer der Dieb war, ahne ich nicht und auch nicht die Familie hier. – Muttchen, Cora hat einen Sohn, er ist Petersens ‚Knöpfchen' wie aus dem Gesicht geschnitten. Also, alles ist in bester Ordnung. – Nein, das weiß ich nicht genau, ich rufe dich morgen wieder an, es gibt so allerlei hier zu besprechen. – Mach's gut, bist du jetzt glücklich? Ich auch! Nein, nein, weine nicht! – Na ja, meinetwegen, ich kann es ja gut verstehen! Cora, sprich mit Frauchen – einmal tüchtig bellen, kannst du das?"

Cora konnte! Dann sagte Ingo noch ein paar liebevolle Worte – und da kam auch schon Mama mit dem Essen.

Mein Bruderherz kam natürlich wie immer in der letzten Sekunde zum Essen und wurde direkt ins Bad geschickt – mit gutem Grund! Er erschien also mit etwas Verspätung, und als er einen Gast vorfand, reichte er ihm sehr manierlich eine halbwegs saubere Hand. Dann hieß es, die ganze Geschichte noch einmal zu erzählen, diesmal in einer gekürzten und für einen Sechsjährigen leicht begreiflichen Form.

Marcus machte ein entsetztes Gesicht und vergaß zu essen.

„Aber – aber – nimmst du uns Feline weg?"

„Das muß ich ja, Marcus", erklärte Ingo. „Sie muß doch wieder nach Hause, wo sie hingehört!"

„Aber Bisken behalten wir", beruhigte ihn Papa. „Nur ein paar Wochen müssen wir ihn entbehren, er braucht noch seine Mutter, weißt du."

„Nein!" rief Marcus, und plötzlich kullerten die Tränen aus seinen Augen. „Nicht Bisken! O bitte, bitte, laß Bisken hier! Ich werde ihm Milch geben und – und – er darf bei mir schlafen – aber nicht wegnehmen!" Marcus weinte ungehemmt.

„Nein, Marcus, ich nehme euch Bisken nicht weg", tröstete ihn Ingo. Dann wandte er sich an Papa. „Mir ist eine Idee gekommen, Herr

Grather, wie wir dieses Problem vielleicht lösen könnten, falls es Ihnen recht ist."

„Wir hören!" versicherte Papa, und Mama wischte Marcus' Tränen weg und gab ihm einen tröstenden Kuß.

„Elaine hat mir Ihr schönes Grundstück gezeigt und hat mir erzählt, daß Sie keine Hilfe zum Umgraben für den geplanten Garten haben. Würden Sie mir erlauben, mein Zelt auf dem Grundstück aufzuschlagen, und wäre es Ihnen recht, wenn ich diese Arbeit auf mich nähme – als Dank für alles, was Sie für Cora gemacht haben?"

„Und ob es uns recht ist!" riefen meine Eltern im Chor. „Verstehen Sie auch etwas von Gartenarbeit?"

„O ja. Mein Vater ist Gartenarchitekt, und mein Onkel hat eine große Gärtnerei, in der ich immer Ferienjobs gehabt habe. Ich habe sicher ein paar Megatonnen Unkraut gejähtet und so viel Land umgegraben, daß man ein paar Schlösser darauf hätte bauen können!"

„Aber haben Sie auch Zeit?" fragte Mama. „Ich meine, wenn Sie hier bleiben wollen, bis man Bisken von seiner Mutter wegnehmen kann – das wären ja mindestens noch zwei Wochen, wenn nicht drei!"

Ingo hatte Zeit, und er erklärte uns auch, warum. Er war in Urlaub mit einem Freund gewesen, sie wollten nach Österreich, mit Zelt und Schlafsäcken und allem, was dazugehört. Dann war sein Freund plötzlich erkrankt und wurde von Ingo in Windeseile zu einem Arzt in der Nähe von München gebracht, und von dort ging es ganz schnell in ein Münchner Krankenhaus, mit einem geplatzten Blinddarm. Ingo blieb in München, bis er erfuhr, daß die Operation gut verlaufen war, dann machte er sich allein auf den Heimweg.

„Zu einem Campingurlaub allein hatte ich nun wenig Lust", erklärte er. „Ich rollte also nordwärts, und dann hatte ich die Autobahn satt und dachte, ich wollte so ein bißchen auf Nebenstraßen rumgondeln und etwas anderes sehen. So kam ich nach Rosenbüttel – und da wartete also das Wunder auf mich! Aber die eingesparte Ferienzeit kann ich nun sehr gut für die Gartenarbeit bei Ihnen verwenden!"

„Dann sind Sie also gerade der Mann, den wir brauchen!" rief Mama

5 8027-10

begeistert. „Ich träume ja immer von einem Gemüsegarten – nur schade, daß es so spät im Jahr ist, dieses Jahr wird es wohl nichts mehr werden!"

„Wissen Sie was?" schlug Ingo vor. „Dann starte ich gleich morgen mit Ihrem Gemüsebeet. Vielleicht schaffen Sie es, noch dieses Jahr ein paar Radieschen und Salatköpfe zu ziehen – wenn Petrus uns gnädig ist, sogar ein paar Möhren und Dill und so was. Wir müssen es eben versuchen! Aber – wo kriegen wir Dünger?"

„Vom Reitstall!" rief ich. „Du ahnst nicht, wieviel die Pferde produzieren! Wir können zusammen hinfahren!"

„Das kann ich doch tun!" rief Mama. Sie war bereit, gleich alles für ihren Garten zu tun, sogar Pferdemist im Auto zu verfrachten – sozusagen aus ihrem Käfer einen Mistkäfer zu machen!

„Dann muß ich wohl auch", meinte Papa. „Mein Wagen faßt mehr. Wir müssen alle Kisten und Eimer zusammenkratzen."

„Und dann fahren wir in Kortege!" rief ich.

„Mit dir und Marcus auf euren Rädern als Nachhut", schlug Papa vor. „Dann könnt ihr ja auch ein paar Pferdeäpfel transportieren!"

Während des ganzen Gesprächs hatte Cora neben Ingos Stuhl gesessen. Sie starrte ihn anbetend und irgendwie erwartungsvoll an. Als er Messer und Gabel auf den Teller legte, stand sie auf, rannte zu ihrem Freßnapf und schob und schubste ihn zu Ingo hinüber.

„Jetzt müssen Sie eine schlechte Gewohnheit bei uns entschuldigen", erklärte Ingo. „Wir haben es immer so gemacht: ich lasse ein paar Bissen vom Essen übrig, Cora bringt ihr Näpfchen, und dann kriegt sie das Gekratzte von meinem Teller hingelegt."

„Was es auch ist?" fragte ich.

„Alles mögliche, Dinge, die sie sonst nie fressen würde. Ob Rosenkohl oder Brathering, ob Kartoffeln oder Blumenkohl, es rutscht alles!"

Cora bewies, daß es stimmte. Wir hatten gebratene Makrelen und Salat gegessen, und Cora nahm die Reste, als wäre es Beefsteak gewesen!

„Komisch", meinte ich. „Bei uns hat sie nie ihr Näpfchen geholt und nie um Reste gebettelt!"

„Verstehst du das nicht?" sagte Papa. „Dies ist für Cora unbedingt mit Herrchens Person verbunden. Ja, Corachen, du gibst uns ja dauernd Beweise dafür, daß du wirklich Cora bist!"

Ja, es war kein Zweifel möglich. Eigentlich hatte ich es gewußt von dem Augenblick an, als sie in Ingos Wagen sprang und vor lauter Glück laut geschrien hatte. Ja, wirklich geschrien! Ich kann es nicht anders beschreiben!

Mit dem Zeltaufschlagen im Garten wurde es nichts. „Wir haben schließlich ein Fremdenzimmer", sagte Mama. „Es ist zwar klein, hat aber ein gutes Bett und fließendes Wasser."

„Und gerade noch Platz für ein Hundekörbchen", fügte ich hinzu. Denn eins war mir klar: Cora würde nie mehr in meinem Zimmer schlafen. Der Platz vor meinem Bett würde leer sein. Aber nicht allzu lange, das wußte ich auch. Diesen Platz würde Bisken einnehmen, wenn Cora nicht mehr bei uns war.

„Aber beim Essen müssen Sie sich auf alles gefaßt machen!" warnte Papa. „Man weiß nicht, wann es meiner Frau einfällt, norwegisch, schweizerisch, deutsch oder italienisch zu kochen! Und wenn sie in Hannover Einkäufe macht, muß Elaine kochen, an diesen Tagen essen Sie vielleicht sicherheitshalber im Gasthaus!"

„Papa, du bist gemein!" rief ich. „Nur weil mir der Milchreis einmal angebrannt ist! Und das war, weil Bisken . . ."

„Ich bin nicht wählerisch", lachte Ingo. „Wenn man den ganzen Vormittag im Garten gearbeitet hat, dann schmeckt sogar angebrannter Milchreis. Aber meinen Sie wirklich, daß ich sowohl ein Zimmer als auch das Essen haben soll – alles für das bißchen Buddeln?"

„Darüber werden wir wieder sprechen, wenn Sie morgen abend Blasen an den Handflächen und Muskelkater in den Beinen haben", lachte Papa.

„Aber Sie kennen mich ja gar nicht! Sie wissen nicht, was für einen Menschen Sie bei sich aufnehmen!"

„Na, allzu schlimm können Sie nicht sein", meinte Papa. „Unsere Feline – ich meine, Ihre Cora – könnte Sie nicht so lieben, wenn Sie ein schlechter Mensch wären!"

„Sagen Sie das nicht", widersprach ihm Ingo. „Es gibt genug Beispiele dafür, daß Hunde durch dick und dünn zu ihrem Herrn halten; und viele Verbrecher haben ihre Hunde sehr geliebt. Aber zu Ihrer Beruhigung kann ich versichern, daß ich nicht im Bett rauche, daß ich kein Terrorist bin und auch kein Alkoholiker. Ich klaue Ihr Silber nicht, und ich bin auch nicht drogensüchtig."

„Das beruhigt mich sehr!" versicherte Mama lachend. „Ich bin ja so glücklich, daß endlich etwas mit dem Garten gemacht wird! Ich glaube, ich hätte es sogar in Kauf genommen, wenn Sie im Bett geraucht oder unser Silber geklaut hätten! Das liegt übrigens in einem Banksafe in Frankfurt, hier haben wir nur Stahlbestecke!"

„Was machst du eigentlich außer Unkraut jäten und Cora pflegen?" fragte ich.

„Ich studiere Archäologie."

„Ach . . .", ich sah das knabenhaft junge Gesicht an. „Bist du schon so alt? Ich dachte, du wärest achtzehn oder so!"

Ingo lächelte.

„Ich bin schon dreiundzwanzig, Elaine!"

„Was?" rief ich. „So alt? Ja, aber dann – dann hätte ich ja ‚Sie' sagen müssen!"

„Quatsch mit Soße!" erwiderte Ingo.

Fröhliche Tage

Es ist unglaublich, wie schnell man einen Menschen kennenlernt, mit dem man jeden Tag stundenlang im Garten arbeitet.

Denn ich ließ ja Ingo nicht allein schuften! Ich war fast immer dabei und half ihm, so gut ich konnte.

„Weißt du was?" sagte Ingo. „Wenn man hier einen kleinen Weg machte, so einen richtigen Kiesweg, und dort drüben eine Mini-Parkanlage mit ein paar Zierbüschen und leicht zu pflegenden Stauden, das würde sehr nett aussehen. Ich werde deine Eltern fragen, was sie darüber denken."

„Das brauchst du nicht", erklärte ich. „Du kannst *mich* fragen. Ich bin die rechtmäßige Besitzerin vom Haus und vom Garten!"

Ingo hörte mit dem Graben auf und sah mich mit großen Augen an.

„Was bist du? Die Besitzerin? Wie wird ein sechzehnjähriges Mädchen Hausbesitzerin?"

„Durch Erbschaft", erwiderte ich. Und dann erzählte ich ihm die ganze Geschichte.

„Nur eins tut mir so furchtbar leid", sagte ich zuletzt, „daß Tante Elsbeth es mir nicht vorher erzählt hat! Ich hätte mich doch so gern bei ihr bedankt – ich hätte erzählen wollen, *wie* glücklich ich über dieses Riesengeschenk bin. Ja, denn es ist ja ein Geschenk – ich sehe keinen Unterschied zwischen einem Geschenk und einer testamentarischen Gabe."

„Ich auch nicht", sagte Ingo. „Dann also, verehrtes Fräulein Hausbesitzerin, geruhen das gnädige Fräulein sich einen Kiesweg dorthin zu dem kleinen Hügel da zu wünschen?"

„Er kann jederzeit damit anfangen, ich finde seinen Vorschlag gut", antwortete ich. „Lieber Himmel, was bist du eigentlich für eine alberne Person, Ingo!'

„Und du erst! Unglaublich, daß deine reizenden Eltern eine so alberne Tochter bekommen haben!"

„So, du findest meine Eltern reizend?"

„Das kann ich dir sagen! So was Liebes – und dann seid ihr alle immer so fröhlich, ihr seid irgendwie . . . ja, was soll ich sagen, ihr seid so unkompliziert. Alles ist hier so selbstverständlich. Da kommt ein ganz Fremder, um euch den geliebten Hund wegzunehmen, und ihr gebt ihm Zimmer und Essen!"

„Und wir lassen ihn dafür ohne Gehalt stundenlang schwer arbeiten", ergänzte ich. „Aber du kannst recht haben, meine Eltern sind einmalig. Ich finde, ich habe sie gut gewählt. Aber, sind denn deine Eltern nicht nett?"

Ingo schwieg eine Weile und arbeitete weiter. Endlich antwortete er: „Meine Eltern sind geschieden. Ich wohne mit meiner Mutter zusammen. O ja, sie ist ein sehr guter Mensch, und ich habe sie wirklich lieb. Aber sie ist nicht so fröhlich wie deine Mutter. Nun ja, kein Wunder. Sie hat viel Schweres durchgemacht."

„Und dein Vater? Verstehst du dich gut mit ihm?"

„Eigentlich ja. Mein Vater ist außerordentlich intelligent, und er ist das, was man einen rechtschaffenen Mann und einen guten Bürger nennt. Aber diesen ... diesen ‚Lebensüberschuß', den ich bei euch kennengelernt habe, hat er nicht. Er ist übrigens wieder verheiratet und hat mir eine kleine Halbschwester verschafft."

„Sind deine Eltern schon lange geschieden?"

„Dreizehn Jahre. Ich war damals zehn."

„Es muß hart für dich gewesen sein."

„War es auch. Verdammt hart. Aber man gewöhnt sich an alles. Und ich bin ja nicht der einzige Mensch, der geschiedene Eltern hat. Was andere schaffen, mußte ich ja auch fertigbringen. Ach, es geht recht gut. Ich besuche meinen Vater ziemlich regelmäßig, ich spiele mit der kleinen Lilli und verstehe mich auch gut mit der Frau meines Vaters. O ja, es hätte alles viel schlimmer sein können."

Er schwieg und arbeitete weiter. Als er weitersprach, war seine Stimme wieder ganz wie sonst. „Nun bin ich gespannt, ob ihr wirklich noch dieses Jahr ein paar Radieschen und Kräuter ernten könnt! Ich habe allerdings nie gehört, daß man im Juli Gemüse sät, aber wer weiß! – Na, Cora, was willst du denn? Mir helfen? Ja, das ist gut, buddle nur los! Ach so, du willst einen Knochen vergraben? Ja, bitte, aber denk bloß nicht, daß nachher ein Kotelettbaum hier wächst!"

Cora war immer in der Nähe, wenn Ingo im Garten arbeitete. Und wo Cora war, war auch Bisken. Ich versuchte mich ganz auf Bisken einzustellen. Ich betrachtete ihn nicht mehr als eine Art Anhängsel von Cora. Bisken war jetzt mein Hund, den ich behalten sollte. Er würde unser einziger Hund sein. Er hatte jetzt angefangen, richtig zu essen, und ich war es, die ihm immer sein Futter gab. Um Cora kümmerte sich Ingo. Sie schlief in seinem Zimmer, er gab ihr zu fressen, er bürstete und kämmte sie und ging mit ihr spazieen. Wie mein tierverständiger Papa gesagt hatte: „Cora muß sich jetzt ganz von uns lösen. Sie muß immer das Gefühl haben, daß Ingo ihr Herrchen ist. Sonst würde ihr die Trennung zu schwer fallen. Und wir müssen uns auch von ihr lösen, wir müssen diese zwei Monate als eine nette Episode und nicht mehr betrachten – und genau dasselbe muß es für Cora sein!"

„Wir haben uns gegenseitig geholfen", hatte Mama hinzugefügt. „Cora bekam vorübergehend ein Zuhause . . ."

„Und was für eins!" unterbrach Ingo.

„. . . und wir hatten ein kleines Tier, das uns so in Anspruch nahm, daß wir nicht immer an Barry dachten", fuhr Mama fort.

„Aber eins sage ich dir, Ingo!" rief ich. „Wenn du mal verreisen mußt und deine Mutter auch, dann bringt ihr Cora zu uns! Versprichst du mir das?"

„Das verspreche ich, aber die Situation wird höchstwahrscheinlich nicht eintreten. Wenn ich hin und wieder weg bin, ist Muttchen ja immer zu Hause."

„Sie ist nicht berufstätig?" fragte Mama.

„Doch, sie hat sogar sehr viel zu tun, aber sie übt ihren Beruf zu Hause aus. Sie ist Übersetzerin und arbeitet für zwei Zeitschriften und einen Buchverlag. Englisch", fügte er hinzu.

So erfuhren wir allmählich viel über Ingo. Als ich fragte, wieso er jetzt in aller Seelenruhe in unserem Garten arbeiten könnte, anstatt seinen Studien nachzugehen, erzählte er, daß er ein Stipendium bekommen hätte und demnächst ins Ausland fahren wollte. Er würde ein Semester „schwänzen", wie er sagte, und dafür an Ausgrabungen in den Mittelmeerländern teilnehmen.

„Wo fährst du denn hin?" fragte ich.

„Als erste Station Rom. Wie du dir vielleicht denken kannst!"

„Rom würde ich auch gern sehen", sagte ich. „Aber solange man in Italien unsere Singvögel fängt – und in einer so grausamen Weise – und sie verspeist, mache ich keine Vergnügungsreise dorthin. Meine Eltern auch nicht!"

„Das kann ich verstehen", nickte Ingo. „Und ich verspreche dir feierlich, keine Singvögel zu essen. Aber dies ist eine Studienreise und keine Vergnügungsreise, wie du verstehst."

„Ja, ich verstehe", sagte ich. „Übrigens, sprichst du auch Italienisch?"

„Ich habe ein paar verzweifelte Versuche gemacht es zu lernen, aber viel ist nicht dabei herausgekommen! Ich kann ‚Guten Tag' und ‚Guten Abend' sagen – ja, und dann ‚troppo caro' – und das soll angeblich bedeuten . . ."

„Zu teuer", lächelte Mama. „Ja, das ist sehr wichtig!"

„Sie kennen Italien, Frau Grather?"

„Mama ist ja halbe Italienerin!" erzählte ich. „Ihr Vater war Italiener! Und sie spricht fließend Italienisch, vielleicht kann sie dir beibringen, was ‚zu billig' heißt!"

„Das wird Ingo bestimmt nie brauchen", meinte Mama. „Aber wenn ich Ihnen mit ein paar gängigen Ausdrücken behilflich sein kann, dann kommen Sie nur! Mir macht es Spaß, mal wieder Italienisch zu sprechen! Und so kann ich mich ein klein wenig bei Ihnen revanchieren!"

„Ick höre imma revanchieren!" sagte Ingo in unverfälschtem Berlienerisch. Dies löste wieder Fragen aus, und wir erfuhren, daß seine Mutter Berlinerin ist.

Am gleichen Abend fing der Unterricht an, und am folgenden Morgen begrüßten sich Mama und Ingo auf Italienisch!

Ja, es war eine schöne Zeit! Ingo nahm Anteil an allem, was zu unserem täglichen Leben gehörte. Als er Papas allabendliches Filmen von Bisken miterlebte, war er begeistert.

„Daß niemand eher auf die Idee gekommen ist!" rief er.

„Es ist schon möglich, daß jemand es getan hat", meinte Papa. „Aber es ist schwierig und verschlingt Filme! Wenn das Tier nur begreifen würde, daß es sich ruhig verhalten soll! Aber Bisken und Ruhe! Jetzt muß ich filmen und filmen, bis das Ungeheuer zufällig dieselbe Stellung einnimmt wie am Tage vorher, damit die Kontinuität nicht unterbrochen wird. Und wie viele Stunden und Tage ich nachher am Schneidetisch verbringen werde, daran will ich lieber nicht denken!"

Ingo war auch sehr interessiert, als ich ihm meine Töpferwerkstatt zeigte. Ich verließ ihn und den Garten für ein paar Stunden, um ein Abschiedsgeschenk für Cora zu töpfern: ein Freßnäpfchen und ein Trinkgefäß mit dem Namen Cora darauf.

Ingo schaute sich auch die Sachen an, die ich früher gemacht hatte.

„Dies ist ja beinahe klassisch in der Form", sagte er und nahm eine kleine Vase in die Hand. „Und das Muster, diese Schlangenlinien, woher hast du das?"

„Ach, aus einem Bild in irgendeiner Zeitschrift. Es war ein Artikel über die minoische Zeit auf Kreta, und da waren ein paar große Vasen abgebildet."

„Wahrscheinlich die großen Getreidespeicher", meinte Ingo. „Und dann hast du diese Miniatur gemacht? Das Ding ist hübsch, Elaine – sehr hübsch!"

„Möchtest du es haben? Ich schenke es dir!"

„Meinst du das ernst? Ja, ich möchte es furchtbar gern haben, tausend Dank, es ist lieb von dir!"

Er legte den Arm um meine Schultern, zog mich näher an sich, seine Augen trafen die meinen – und plötzlich gab er mir einen kleinen, leichten Kuß auf die Wange, ließ mich los und sagte: „Nein, woran denke ich, ich wollte doch schnell . . ."

Was er schnell wollte, sagte er nicht, aber er verschwand jedenfalls im Garten.

Komisch.

Ehrlich gesagt: Ich hätte gar nichts dagegen gehabt, wenn er mir als Dank für die Vase einen richtigen Kuß gegeben hätte!

Abschied von Feline

Der Abschiedstag war gekommen.

Unser Garten war nicht wiederzuerkennen. Alles war umgegraben – außer dem großen Rasen, den Bisken und Anton als Spielplatz behalten sollten. Der Gemüsegarten war mit Maschendraht gegen Biskens Buddelleidenschaft geschützt. Hübsche Beete und kleine Wege waren entstanden. Die Erde war locker, dunkel und steinfrei und wartete nur noch auf die Pflanzen.

Ingo hatte Unglaubliches geschafft.

Und jetzt war Bisken ziemlich selbständig. Er interessierte sich nicht mehr für die mütterlichen Milchquellen, dafür klaute er mit Wonne Antons Katzenfutter und knabberte freudig an Kotelettknochen herum.

Und Cora-Feline blieb Ingo auf den Fersen, wo er stand und ging.

Jetzt waren seine Sachen im Auto verstaut, Mama hatte zwei große Pakete Wegzehrung zurechtgemacht – eins für Ingo und eins für Cora.

Papa verschwand mit Bisken und Marcus, den beiden sollte es erspart bleiben, zu sehen, daß Cora uns verließ.

Mama und ich waren furchtbar vernünftig und schrecklich nüchtern und unsagbar unsentimental. Es war doch sonnenklar, daß dies für unser Felinchen – ich meine, für Ingos Cora – das beste war! Und es gab keinen Grund zum Sentimentalwerden, wenn ein Tier, das wir nur ein paar Monate gehabt hatten, zu seinem richtigen Zuhause zurückkehrte!

Weiß der Himmel, woher der Kloß in meinem Hals kam! Ganz gegen das Programm! Und warum in aller Welt blieben mir die Worte im Hals stecken, als ich mich von Ingo verabschiedete?

Er reichte Mama beide Hände, er bedankte sich mit so schönen, lieben Worten für das, was wir für Cora getan hatten. Dann guckte er mich an, und plötzlich umarmte er mich.

„Du brauchst nichts zu sagen, Elaine. Ich weiß genau, wie dir zumute ist. Ich schreibe dir, und ich schicke dir Bilder von Cora. Ich habe vor, den Wiedersehensaugenblick zwischen meiner Mutter und Cora zu knipsen."

„Und ich schicke dir Abzüge von den Bildern, die ich in dieser Zeit gemacht habe", flüsterte ich.

Zu mehr als einem Flüstern reichte es nicht bei mir!

Ingo machte die Autotür auf, und Cora sprang fröhlich auf den Beifahrersitz. Ich mußte mich gewaltig beherrschen, um sie nicht zu streicheln, um kein liebes Wort zu sagen. Sie mußte und sollte uns vergessen.

Ingo saß schon im Wagen, dann machte er das komische Klappfenster seines Autos auf: „Ich komme bestimmt mal zurück, Elaine! Und – ja, ich rufe heute abend an!"

Der Wagen rollte davon. Und ich fiel Mama heulend um den Hals.

„Ja, ja, Elainchen", sagte Mama. „Es ist gar nicht so leicht, sich dauernd umzustellen. Deine Gefühle für Barry mußtest du auf Feline übertragen, und jetzt mußt du sie Bisken weitergeben."

Ich weinte aber weiter.

„Kind", sagte Mama und streichelte mir die Wange. „Was deine Gefühle für Ingo betrifft . . ."

„Was für Gefühle?" stammelte ich.

Mama lächelte.

„Ich bin doch nicht von gestern", sagte sie.

Papa und Marcus kamen zurück. Bisken zeigte sich vollkommen unsentimental. Er raste in den Garten, fand seinen geliebten Ball, rannte dann zu Anton und forderte ihn zum Spielen auf, er wedelte begeistert mit dem Schwänzchen und nahm entzückt den Knochen, den Marcus ihm hinwarf. Seine Mutter interessierte ihn anscheinend gar nicht mehr.

Papa hatte die Post geholt. Es war ein dicker Brief aus Frankfurt angekommen. Er las ihn mit gerunzelter Stirn.

Dann reichte er Mama den Brief.

„Lies“, sagte er. „Da haben wir den Salat!“

Seine Stimme klang nicht gerade froh.

„Welchen Salat, Papa?“ fragte ich.

„Einen Salat von Kraut und Rüben – mit Petersilie drauf! Herr von Krohn hat das Haus verkauft, und ich muß schleunigst nach Frankfurt, um den neuen Besitzer zu sprechen.“

„Vielleicht ist er ein netter Mensch!“ meinte ich.

„Hoffentlich. Aber ich sehe ein bißchen schwarz. Es ist ein älteres Ehepaar, und der Himmel weiß, was die beiden zu unseren Viechern sagen werden und zu Marcus' Indianerzelt im Garten und zu dem Gerenne auf der Treppe, wenn alle Nachbarskinder zu Besuch kommen. Ach Kinder, wie hatten wir es gut bei der lieben Frau von Krohn!“

Papa packte ein paar Sachen zusammen, er wollte am folgenden Tag in aller Herrgottsfrühe starten. Ich blieb sitzen und starrte vor mich hin.

Wenn nun dieses Ehepaar uns gar nicht als Mieter haben wollte? Wenn wir ab Oktober keine Wohnung mehr hatten? Dann – ja dann mußten wir ja einfach hier bleiben! Hier, im eigenen, heißgeliebten Haus. Hier, wo wir uns frei und glücklich fühlten, wo Mama ihren jetzt so schönen Garten hatte, wo ich billig reiten konnte, wo Marcus und die Tiere rumtollen konnten, so viel sie wollten! Hier, wo wir Bisken ganz einfach in den Garten lassen konnten, statt immer mit ihm Gassi zu gehen? Ja, natürlich, dann käme ja die Frage wegen meiner Schule. Aber ich hätte nichts dagegen, Fahrschülerin zu werden, und es war nicht weit nach Hannover oder Braunschweig. Und Marcus, der Schulanfänger, konnte bestimmt genausogut in der Dorfschule lesen und schreiben lernen wie in einer großen Schule in Frankfurt.

Papas Arbeit? Ja, aber er hatte sowieso immer Aufträge in den entlegensten Teilen Deutschlands oder im Ausland. Es war doch egal, ob er seine Reisen in Frankfurt oder in Rosenbüttel startete?

Je mehr ich darüber nachdachte, desto einfacher schien es mir. Ja, zu guter Letzt wünschte ich sogar, daß die neuen Besitzer so abscheulich sein würden, daß Papa keinen Mietvertrag unterzeichnen wollte!

Aber vielleicht würde er alles daran setzen, eine neue Wohnung in Frankfurt zu finden? Ach, du lieber Himmel, das würde eine Stange Geld kosten! Und hier – hier in unserem eigenen kleinen Paradies – hier hatten wir alles umsonst!

So weit war ich am Abend mit meinen Gedanken gekommen. Ach, wie vermißte ich Ingo! Wie gern hätte ich mit ihm über dieses Problem gesprochen! In diesen wenigen Wochen hatten wir über alles mögliche geplaudert. Er wußte genau Bescheid über uns, und wir – oder jedenfalls ich – wußten eine Menge über ihn. Wie gern hätte ich – hoppla! Da klingelte das Telefon! Ich war wie ein geölter Blitz am Apparat.

„Bist du es, Elaine? Hier ist Ingo! Ja, wir sind gut nach Hause gekommen, und das Wiedersehen hättest du erleben müssen! Meine Mutter weinte dicke Tränen, und Cora hat sie halb aufgefressen, sie hat beinahe keine Haut mehr im Gesicht, so hat Cora sie geleckt. I wo, Cora denkt nicht an ihr Kind. Weiß du, in diese Umgebung gehört ihrer Ansicht nach wohl gar kein Kind hin. Hier ist *sie* die Alleinherrscherin. Ja, im Augenblick steht sie da und frißt sich nudelsatt an Beefhack – ja genau, Beefhack, acht Mark das Pfund! Muttchen wußte nichts Besseres, was sie ihr antun konnte! Was macht Bisken? Ja, das dachte ich mir schon. Er denkt bestimmt nicht mehr an seine Mutter, das undankbare kleine Biest. Du, ich werde mal den Nachbarhund, den kleinen ‚Knöpfchen' knipsen, ich schicke dir das Bild, damit du siehst, wie Bisken seinem Vater ähnlich ist! Ich schreibe dir auch, Elaine, und deinen Eltern. Es war eine wunderschöne Zeit bei euch! Ist deine Mutter in der Nähe oder dein Vater?"

Ich übergab Mama den Hörer, und aus ihrem Teil des Gesprächs verstand ich, daß Ingo sich noch einmal bei ihr bedankte.

Ich ging in den Garten und blieb bei Barrys Grab stehen. Lieber, guter Barry! Es tat nicht mehr weh, an ihn zu denken. Ich konnte mich über all die schönen Erinnerungen mit ihm freuen, und ich war dem Schicksal so dankbar, weil er einen so sanften Tod gehabt hatte.

Wie hatte Papa recht, wenn er sagte, daß Cora genau im richtigen Augenblick zu uns gekommen war. Sie hatte uns über die erste, schwere Zeit nach Barrys Tod hinweggeholfen. Jetzt hatte sie ihre Aufgabe hier erfüllt, jetzt gönnte ich ihr von Herzen, daß sie wieder in ihrem eigenen Zuhause war.

Und wir waren ja nicht ohne einen Hund. Wir hatten schließlich Bisken!

Da sah ich ihn. Er kam mit irgend etwas im Maul angerannt. Ich nahm ihn auf den Arm und stellte fest, daß er eine Wäscheklammer ergattert hatte. Nichts war vor Bisken sicher, er hatte schon Pantoffeln, Einlegesohlen, Kochlöffel, Wollknäuel und Staublappen bis zur Unkenntlichkeit zernagt und in seiner Lieblingsecke im Garten vergraben.

„Bisken", sagte ich. „Du bist ein furchtbares Tier. Und Wäscheklammern darfst du nicht klauen, sie sind aus Plastik, und das ist nicht gesund für einen kleinen Hundemagen!"

Bisken war vollkommen unberührt von meinen mahnenden Worten. Er bohrte die kleine flache Schnauze an meinen Hals, er leckte mich und ließ sich genüßlich hinterm Ohr kraulen.

„Unser Bisken", flüsterte ich. „Du liebes, liebes Bisken!"

Am folgenden Morgen zog Papa los.

„Hoffentlich sind nun diese Menschen nett und vor allem tierlieb", sagte Mama.

Hoffentlich sind sie widerlich, dachte ich, aber ich sagte es vernünftigerweise nicht laut. Hoffentlich müssen wir hier bleiben! Wegen Bisken, wegen des Gartens, ja, und noch etwas. Von hier ist es längst nicht so weit nach Lübeck wie von Frankfurt aus!

Hurra, wir bleiben!

Papa blieb zwei Tage weg. Als er zurückkam und die ganze Familie, Kater und Köter inklusive, ihn stürmisch begrüßte, war er nicht so munter und zu Scherzen aufgelegt wie sonst. Er packte einiges aus, Sachen, die er aus der Wohnung mitgebracht hatte, ging ins Bad, um sich frisch zu machen nach der Fahrt, und dann kam er zum Kaffeetisch.

„Ja, also“, fing er an. „Die Sache ist nicht ganz einfach. Die neuen Besitzer wären schon bereit, uns als Mieter zu behalten, aber . . .“

„Aber?“ wiederholten Mama und ich und starrten Papa an.

„Ja, erstens: Die Wohnung könnten wir behalten, aber die Räume im Erdgeschoß brauchen sie selbst.“

„Aber Asbjörn, das ist unmöglich!“ rief Mama. „Dein Atelier – all deine Apparate – dein Vorführraum – dein Schneidetisch . . .“

„Ja, schön wäre es nicht“, räumte Papa ein. „Nun, schlimmstenfalls könnte ich einen Raum bei Feldmann kriegen.“

Feldmann ist Papas Brötchengeber. Er ist der Chef der Filmgesellschaft, bei der Papa seit vielen Jahren arbeitet.

„Aber es ist etwas anderes“, fuhr Papa fort. „Wir würden den Garten kaum betreten können, sie haben vor, irgendeine Musteranlage da zu machen. Und – ja, jetzt kommt es: Haustiere wollen sie unter keinen Umständen im Haus haben. In dem Punkt waren sie stur wie – wie – ich weiß nicht was. Also, ich habe keinen Vertrag unterschrieben, aber . . .“

„Papa!“ rief ich. „Du denkst doch wohl nicht daran, einen solchen Vertrag zu unterschreiben? Papachen, wir haben doch unser eigenes Haus – das alte Ehepaar kann uns gestohlen bleiben! Hier hast du einen brauchbaren Arbeitsraum, hier können wir – wie sagt man nun gleich in Norwegen – die Stube aufs Dach stellen – wir können Krach machen und rein- und rauslaufen, den ganzen Tag – und unsere Tiere, Papa! Anton und Bisken! Hier können wir Hyänen und Elefanten halten, wenn wir Lust dazu haben!“

„Und Krokodile und Pythonschlangen“, ergänzte Papa. Jetzt erschien ein kleines Lächeln auf seinem Gesicht. „Ja, siehst du, Elaine, ich habe auch an diese Möglichkeit gedacht. Nicht gerade an Hyänen und Elefanten, aber an das Haus, den Arbeitsraum, und natürlich an die lieben Viecher.“

„Papa, für dich ist es doch eine Lebensnotwendigkeit, Tiere zu haben!“ rief ich. „Und für mich auch. Papa, warum in aller Welt sollten wir bei den beiden alten Essigtöpfen wohnen, wenn wir es hier so schön haben? Oder wolltest du in Frankfurt eine Wohnung mit Atelier und Vorführraum und Haustiergenehmigung mieten? Kannst du das bezahlen? Bleiben wir doch hier!“

„Und deine Schule?“ fragte Papa.

„Es gibt doch Schulen in Hannover und Braunschweig und überall! Und Marcus ist es doch piepe, ob er seine Schulanfängertüte zu einer Frankfurter Schule oder zur Dorfschule hier trägt! Eine Monatskarte für eine Fahrschülerin kostet schließlich weniger als eine neue Wohnung in Frankfurt!“

„Kind, du vergißt das Wichtigste“, sagte Mama. „Papa ist in Frankfurt angestellt, da sitzt sein Arbeitgeber, und . . .“

„Merkwürdigerweise wäre das kein Problem“, erklärte Papa. „Ich war gestern bei Feldmann und erklärte ihm die Situation. Da sagte der nette Kerl: ‚Meinetwegen könen Sie ein Jahr da oben bleiben. Ich gebe Ihnen dann einen Auftrag, den ich eigentlich dem jungen Berthold geben wollte, den Sie aber besser machen können. Wir sollen fürs Fernsehen einen Film über Norddeutschland drehen. Von der Lüneburger Heide zu allen Jahreszeiten, von den Hansestädten, von den Häfen in Bremen und Hamburg und von der Kieler Woche.‘ Also, dann hätte ich Arbeit hier oben für ein Jahr. Und natürlich wäre es für uns eine große Ersparnis, im eigenen Haus – ich meine, im Haus unserer großzügigen Tochter – bleiben zu können!“

„O Papa!" rief ich und fiel ihm um den Hals. „Dann bleiben wir also! Hurra, hurra, wir bleiben, wir bleiben!"

„Mein Garten!" sagte Mama verträumt. „Im Herbst kann man so vieles pflanzen, und ich könnte ganz früh im Frühjahr anfangen . . ."

„Wir könnten Hühner halten", sagte Papa, und jetzt war er an der Reihe, verträumt auszusehen.

„Und eine Ziege!" rief ich. „Dann brauchen wir nie den Rasen zu mähen!"

„Elainchen, bleib bitte auf der Erde", bat Mama. „Ich finde den Gedanken auch verlockend, aber – Elaines Schule! Wenn das nur geregelt werden kann!"

„Klar kann es das!" meinte ich. „Wenn Papa erklärt, daß er wegen seiner Arbeit in Norddeutschland bleiben muß, und daß seine begabte und ausbildungshungrige Tochter . . ."

„Du meinst, seine bescheidene Tochter", unterbrach Papa. „Gut, wir sind uns anscheinend einig. Es wird eine Mordsarbeit geben mit Ausziehen und Umziehen und Möbellagern und Ummeldungen und so weiter – aber es hat viel für sich. Soll ich also dem tierfeindlichen und gartenfreundlichen Ehepaar schreiben, daß . . ."

„. . . daß es uns den Buckel runterrutschen kann!" rief ich.

Mein Vater ist – behauptet Mama – ein Starrkopf. Was mir in diesem Fall sehr nützlich war. Nun hatte er sich in den Kopf gesetzt, daß seine Tochter in einer Schule in Hannover oder Braunschweig aufgenommen wurde. Übrigens, wenn Mama behauptet, daß er ein Starrkopf ist, fügt sie immer hinzu: „Aber er hat unheimlich viel Charme und kann sehr überzeugend sprechen. Er bringt die Leute immer dazu, das zu tun, was er will!"

„Er hat ja auch dich dazu gebracht, ihn zu heiraten", meinte ich.

„Nun ja", sagte Mama. „Gerade *das* wollte ich nun auch!"

Ob es der Starrkopf, der Charme oder seine Überredungskünste waren, die ihm halfen, weiß ich nicht. Aber eines Tages kam ein offiziell aussehender Brief aus Braunschweig. Als Papa ihn gelesen hatte, teilte er mir feierlich mit, daß ich an einer Braunschweiger Schule in die 12. Klasse aufgenommen worden war.

Worauf ich Papa, Mama, Marcus, Anton und Bisken vor Freude umarmte!

Für meine armen Eltern aber kam eine furchtbare Zeit. Papa pendelte zwischen Rosenbüttel und Frankfurt, Mama schrieb meterlange Listen über Dinge, die hierhergebracht oder gelagert werden sollten – und war unglücklich, weil sie nicht nach Frankfurt mitfahren konnte. Aber die Eltern lehnten entschieden meinen Vorschlag ab, Marcus und mich für ein paar Tage allein zu lassen.

„Um Gottes willen!“ rief Mama. „Ich hätte keine ruhige Minute!“

„Ob deine Mutter für ein paar Tage herkommen könnte?“ schlug Papa vor.

„Ich rufe sie heute abend an“, erwiderte Mama.

Aber dazu kam sie nicht. Denn am Nachmittag klingelte das Telefon. Mama nahm den Hörer ab.

„Nein, Jessica!“ rief sie. „Wie nett! Was machst du und wo bist du? Was? Aber Mädchen, natürlich! Je eher, desto besser! Umstände? Natürlich machen wir Umstände, eine ganze Menge sogar! Elaine bringt das Fremdenzimmer in Ordnung, und ich backe einen Kuchen, Marcus pflückt einen Strauß Feldblumen, und Asbjörn fährt los und kauft zwei tiefgekühlte Hasenrücken, das ist doch dein Lieblingsgericht? Wie lange kannst du bleiben, Jessica? Oh, das ist schön! Ja, ja, je länger, desto besser! Du hast recht, ich habe etwas mit dir vor, du kommst wie gerufen, dich schickt uns der liebe Gott! Gut, Jessilein, also morgen im Laufe des Nachmittags. Wir werden den roten Teppich ausrollen, und Marcus spielt einen Huldigungsmarsch auf seiner Mundharmonika. Also, bis dann – grüß deinen Falko!“

„Mensch, Jessica kommt!“ rief ich. „Das ist prima!“

„Großartig!“ sagte Papa. „Sie kommt genau im richtigen Augenblick.“

„Klasse!“ stimmte auch Marcus zu. „Vielleicht kocht sie uns Zitronenpudding!“

Jessica ist nämlich eine begnadete Köchin, und Marcus kann ihren Zitronenpudding nicht vergessen. Sonst ist sie praktische Ärztin, ihre Praxis ist kombiniert mit der Psychiater-Praxis ihres Mannes Falko. Sie wohnen in Kiel, aber wir haben sie in Frankfurt kennengelernt, wo Jessica ein Jahr als Hausgehilfin arbeitete, um Geld für ihr Studium zu verdienen. Altersmäßig befindet sie sich genau zwischen meinen Eltern und mir, mit dem Resultat, daß beide Generationen sie als Herzensfreundin betrachten.

„Sie rief aus Lübeck an", erzählte Mama. „Weiß der Himmel, was sie da macht."

„Lübeck?" fragte ich, und mein Herz machte einen kleinen Hopser. Es gab eben Worte, die diese Reaktion bei mir hervorriefen: Lübeck, Lakelandterrier, Archäologie und Gartenarbeit und noch ein paar andere Dinge.

Die Antwort bekamen wir, als Jessica am folgenden Tag angerollt kam – in ihrem urkomischen, kleinen „selbstgestrickten" Wagen, den sie innigst liebt. Falko hatte ihn schon in der Studienzeit zusammengebastelt, und er lief noch tadellos.

„Ja, es war nämlich so", erzählte Jessica am Kaffeetisch. „Falko und ich wollten vier Wochen Urlaub machen, zuerst seine Eltern besuchen und dann meine, und dann zwei Wochen in Österreich. Dann rief eine verzweifelte Kollegin aus Lübeck an. Sie hatte einen Unfall gehabt und suchte händeringend eine Vertreterin für ihre Praxis. Sie ist ein furchtbar netter Kerl, wir kennen uns gut seit der Studienzeit. Also schmolz mein Herz, Falko fuhr zähneknirschend allein zu seinen Eltern, das Quartier in Österreich wurde abgesagt, und ich rollte nach Lübeck. Gestern hat dann meine Kollegin die Praxis wieder übernommen. Ich rief meinen Herrn und Gebieter an – ja, er ist wieder zu Hause in Kiel, und ich dachte in meinem Optimismus, daß er sich freuen würde, weil ich nach Hause kommen konnte. Denkste! Er teilte mir kurz und unbarmherzig mit, daß er mich nicht zu sehen wünschte! Er ist dabei, die ganze Wohnung zu renovieren, alle Räume stinken nach Farbe, man stolpert über Tapetenrollen, und kein Möbelstück steht auf seinem Platz. „Fahr doch zu Bernadette und Asbjörn, sie sind in dem geerbten Haus in der Heide“, schlug er vor. Ja, so war es – und hier bin ich!“

„Was hast du doch für einen klugen Mann“, sagte Papa. „Aber wenn er gewußt hätte, was wir mit dir vorhaben, hätte er vielleicht etwas anderes vorgeschlagen.“

„Nanu? Soll ich als Köchin einspringen?“ lächelte Jessica.

„Ja, und Babysitter und Erzieherin und Hundepflegerin“, ergänzte Mama. „Ich muß nämlich unbedingt mit Asbjörn für ein paar Tage nach Frankfurt, du ahnst ja nicht, wie wichtig es ist – ich wollte gerade meine Mutter fragen, ob sie ein Flugzeug besteigen und hierher kommen könnte – und dann hast du angerufen, du Goldschatz!“

„Fahrt nur los“, sagte Jessica. „Kochen kann ich, und deine Kinder werde ich nach altmodischer, autoritärer Art erziehen. Hoffentlich habt ihr einen Rohrstock im Haus! Im Ernst, ich bin nur froh, daß ich euch helfen kann, und wir werden es uns schon gemütlich machen, nicht wahr, Elaine? Und Marcus, dir koche ich extra Zitronenpudding. Aber, nun sagt mal, was ihr eigentlich vorhabt – wenn ich fragen darf?“

Wir erzählten die ganze Geschichte. Daß wir ab jetzt Dorfbewohner geworden waren, daß Papa mindestens ein Jahr Aufträge in Norddeutschland hatte, und daß ich in Braunschweig zur Schule kommen sollte.

„Mensch!“ rief Jessica. „Nix wie los, Bernadette, ich weiß, was ein Umzug ist! Und all das Einpacken und Wegpacken und Ausmisten – klar müßt ihr beide nach Frankfurt! Es ist ja prima, daß ihr hierbleibt, dann können wir euch öfters übers Wochenende besuchen!“

Jessica war begeistert von meinem Haus. Sie wollte alles sehen, vom Keller bis zum Boden. Daß sie sofort nach ihrer Ankunft Anton begrüßt und Bisken kennengelernt hatte, ist überflüssig zu sagen. Dann ging es in den Garten.

„Ihr seid aber fleißig gewesen!“ sagte Jessica. „Hier ist ja alles vorbereitet fürs Frühjahr – dabei schriebst du mir doch, Bernadette, daß das ganze Grundstück umgegraben werden mußte!"

Also mußten wir auch Jessica die ganze Geschichte mit Cora erzählen, von Biskens Geburt und über den denkwürdigen Tag, an dem Ingo und Cora sich wiedergefunden hatten.

Sie horchte mit großen Augen.

„Lieber Himmel!" sagte sie zuletzt. „Was für ein Glück! Glück für das kleine, ausgesetzte Hündchen, Glück für den Besitzer und Glück für euch!"

„Das kann man wohl sagen", nickte Mama. „Der Ingo ist ein so netter junger Mann, ich hoffe sehr, daß er uns wieder mal besucht!"

Ich drehte mich um und ging ein Stück weiter. Die anderen brauchten ja nicht unbedingt zu fragen, warum ich plötzlich errötete!

Wir verlebten einen urgemütlichen Abend mit Jessica. Marcus ließ sich nur mühsam dazu überreden, ins Bett zu gehen und willigte endlich nur ein, weil er Bisken mitnehmen durfte und weil Jessica ihm für den nächsten Tag eine doppelte Portion Zitronenpudding versprach.

Dann saßen wir vier im Wohnzimmer, aßen Himbeereis und plauderten.

„Jessica", sagte Mama, „du hast am Telefon angedeutet, daß du auch mit uns etwas vorhast. Wolltest du uns um etwas bitten, dann sag es. Der Augenblick ist richtig, denn gerade jetzt sind wir dir so dankbar, daß wir dir keine Bitte abschlagen können."

„Versprich nicht zuviel", sagte Jessica. „Wartet, bis ihr meine Geschichte gehört habt. Dazu braucht ihr etwas Geduld, denn ich muß ziemlich weit ausholen."

„Geduld haben wir", versicherte Papa.

„Schieß los, Jessica!" bat Mama.

Ein Mädchen namens Miriam

„Es war an meinem ersten Tag bei der Praxis-Vertretung“, begann Jessica. „Es war nicht allzuviel zu tun, ich konnte mir für jeden Patienten Zeit nehmen. Als letzte Patientin des Tages kam ein junges Mädchen, achtzehn Jahre alt. Mein erster Eindruck, den ich von ihr hatte, war ihre außergewöhnliche Schönheit. Sie war bildhübsch. Ein feines Gesicht, dunkle Haare, ein Paar große, braune Augen. Ja, nun muß ich euch sagen, daß das Mädchen mich von meiner Schweigepflicht entbunden hat. Was ich euch erzähle, darf ich also erzählen.

Sie bat mich um ein Schlafmittel, sie konnte keine Nacht richtig schlafen und litt immer an Kopfschmerzen. Ich mußte ja vor allem ergründen, was die Ursache dieser Schlaflosigkeit war. Ich mochte das Mädchen auf Anhieb – wißt ihr, es kommt vor, daß man einen Menschen bei der ersten Begegnung wahnsinnig gern mag, man hat das Gefühl: Diesen Menschen möchte ich näher kennenlernen. Ich weiß nicht, ob ihr das schon einmal erlebt habt?“

„Und ob!“ riefen Mama und Papa wie aus einem Munde.

Jessica lächelte.

„Ja, ihr habt euch wohl gleich ineinander verliebt, das ist etwas anderes. Ich spreche jetzt von etwas, das gar nichts mit Verliebtheit oder Sex zu tun hat. Sagen wir also, menschliche Sympathie in höchstem Maße.

Später hat Miriam mir gesagt, daß sie das gleiche für mich empfunden hat. Ja, sie heißt Miriam.

Ich sagte doch, daß sie die letzte Patientin des Tages war. Ich bat sie, mir zu sagen, *warum* sie so schlecht schlief, warum sie so nervös war. Dann erzählte sie. Sie erzählte, so daß ich Uhrzeit und Mittagessen vergaß, ich lauschte und lauschte – nun ja, dies geht nicht um meine Reaktion, sondern um Miriams Schicksal.

Miriam ist Jüdin. Außer ihrer Mutter hat sie keine Verwandten mehr. Ihr Vater starb vor drei Jahren, alle vier Großeltern und deren Geschwister sind in Konzentrationslagern ums Leben gekommen. Miriams Mutter ist Tschechin, sie kam als fünfjähriges Kind kurz vor dem Weltkrieg durch eine Rote-Kreuz-Aktion nach Schweden. Die Skandinavier nahmen damals viele jüdische Kinder auf und retteten ihnen so das Leben. Auf Umwegen erfuhren die schwedischen Pflegeeltern, daß die Eltern ihres Pflegekindes in der Gaskammer den Tod gefunden hatten.

Das Kind wurde getauft und evangelisch erzogen, es bekam eine gute Ausbildung bei den Pflegeeltern. Während ihrer Studienzeit lernte sie Miriams Vater kennen. Er war genau wie sie ein jüdisches Pflegekind aus der Tschechoslowakei, auch er war ganz allein auf der Welt. Wie und warum sie nach Deutschland kamen – das überspringe ich vorerst, das ist unwesentlich. Nach ein paar Jahren bekamen beide die deutsche Staatsangehörigkeit, sie lernten die deutsche Sprache perfekt. Miriams Vater war Chemiker und arbeitete in einer großen, bekannten Firma. Als er starb, verschaffte die Firma der Witwe eine Stellung als Korrespondentin in einer neu eröffneten Filiale in Lübeck.

Das ist die Vorgeschichte.

Miriam kam mit fünfzehn Jahren in eine neue Schule, in einer neuen Stadt. Sie war viel allein, die Mutter war ja voll berufstätig. Elaine, kannst du dir denken, wie es für ein fünfzehnjähriges Mädchen ist, immer allein zu sein? Sie kam aus der Schule nach Hause in die leere Wohnung, sie hatte keinen Menschen, mit dem sie sprechen konnte. Sie räumte auf, sie machte Einkäufe, sie bereitete das Mittagessen vor – und es war still, furchtbar still überall. Aus den Nachbarwohnungen klangen Menschenstimmen, Lachen, Kinder machten Lärm, sie hörte Schritte, Telefone klingelten. Bei ihr war es still. Ganz, ganz still.

Der große Lichtblick des Tages war der Augenblick, wenn sie den Schlüssel in der Wohnungstür hörte, der Augenblick, wenn die Mutter nach Hause kam. Mutter und Tochter hatten eine gemeinsame

Eigenschaft: Sie konnten nur schwer Freundschaften schließen. Ich weiß nicht, ob es damit zusammenhängt, daß ihre Vorfahren stets auf der Hut sein mußten, daß sie sich aufgrund der ständigen Verfolgung isoliert fühlten, daß sie ganz einfach Angst hatten. Jedenfalls dauerte es lange, bis Miriam sich einigermaßen wohl fühlte in der Schule, bis sie mit ein paar Klassenkameraden ab und zu ausging, bis hin und wieder ein Mädchen auf einen Sprung zu ihr kam.

Dann geschah das, was der Anfang des Unglücks war. Als sie in die 12. Klasse gekommen war, erschienen zwei neue Jungen in der Klasse. Sie waren Zwillinge, Söhne eines neu zugezogenen Geschäftsmannes.

Miriam sah diese beiden Jungen eines Nachmittags auf der Straße. Sie ging gerade an der Synagoge vorbei und sah, daß diese Jungen mit Kreide große Hakenkreuze an die Wand malten.

‚Was soll denn das?‘ rief sie. ‚Schämt ihr euch nicht?‘

‚Halt deinen Mund, du Drecksjüdin‘, bekam sie als Antwort.

Von dem Augenblick an machten ihr die beiden Jungen das Leben zur Hölle. Sie verkündeten laut in der Klasse: ‚Wißt ihr, daß die Miriam Jüdin ist?‘ Eines Tages fand sie ihre Schultasche mit einem großen Hakenkreuz bemalt, und an einem Morgen stand mit roter Farbe auf der Haustür des Mietshauses, in dem sie wohnte: ‚Hier wohnen Juden. Raus mit ihnen!‘“

„Um Gottes willen“, flüsterte Mama. „Gibt es noch so etwas?“

„Ja, leider, Bernadette, So etwas gibt es. Selten – aber es kommt vor. Es leben immer noch Judenhasser in Deutschland – es gibt verrückte Menschen, die behaupten, daß die Berichte von der Judenverfolgung, den Konzentrationslagern und den Gaskammern erfundene Propaganda ist! Es gibt die sogenannten Neonazisten. Es gibt kleine Gruppen von diesen Menschen, und einer solchen Gruppe gehörten die beiden Quälgeister an. Sie mobilisierten ihre Gruppenfreunde, und bald war Miriam einer regelrechten Verfolgung ausgesetzt. Wenn sie Einkäufe machte, konnte es passieren, daß jemand ihr die Tasche aus der Hand riß und auf der Straße umstülpte, so daß der Inhalt von vorbeifahrenden Autos zerquetscht wurde. Ihre Schultasche wurde ihr auf dem Schulweg ausgeleert, die Jungen trampelten auf ihren Büchern in Schnee und Matsch herum.

Oh, es gab tausend schreckliche Sachen, ich könnte die ganze Nacht davon erzählen! Als einige dieser Jugendlichen sich vor der Polizei verantworten mußten – wo sie übrigens mit einer Verwarnung davonkamen – behaupteten sie, Miriam hätte sie angezeigt. Was nützte es ihr, daß sie versicherte, es sei nicht der Fall?

Sie war so hilflos, so unfähig, sich zu verteidigen und zu behaupten. Sie kämpfte einen verzweifelten Kampf, um der Mutter alles zu verbergen. Die Mutter sah nur, daß die Tochter immer blasser und elender aussah, sie wurde schlechter in der Schule, sie konnte keine Nacht mehr schlafen.

Nein, jetzt muß ich versuchen, mich kürzer auszudrücken. Also, Miriam ging eines Tages gar nicht mehr zur Schule. Sie traute sich einfach nicht. Als sie dann eines Vormittags nur so durch die Straßen ging, wurde sie von einem jungen Mann angesprochen. Sie sähe so unglücklich aus, er könne ihr helfen, ein glücklicher Mensch zu werden! Sie solle am selben Nachmittag zu einer Versammlung kommen und lauter glückliche junge Menschen kennenlernen, Menschen, die alle Sorgen und alle Schwierigkeiten hinter sich gebracht hatten!

Die kleine Miriam war nur allzu empfänglich für solche Worte. Sie ging zu der Versammlung. Es war . . ."

„Eine sogenannte Sekte!" rief Papa. „Stimmt's?"

„Ja, es stimmt. Sie nannten sich ‚Menschenliebe-Menschenglück'. Hier würde man Freunde finden, neue Ideale, neue Lebensziele und so weiter. Als Miriam leise sagte: ‚Ich bin Jüdin', wurde das mit freundlichem Lächeln aufgenommen, und es wurde ihr versichert, hier frage man nicht nach Rassen, hier seien alle willkommen! Überhaupt, alle waren ausgesprochen freundlich zu ihr gewesen – und das arme Kind brauchte so dringend Güte und Freundlichkeit!

Nun, eines Tages packte sie ihre Sachen, hinterließ einen Brief an die Mutter, in dem sie versprach, sie bald zu besuchen. Dann zog sie in das alte Haus am Stadtrand, das die ‚Sekte' gemietet hatte. Was sie da erlebte – o Kinder, habt ihr über diese sogenannten Sekten gehört und gelesen? Sie werden von geschäftstüchtigen Menschen ins Leben gerufen, Menschen, die sich selbst bereichern und den jungen, hilfesuchenden Mitgliedern etwas über Menschenliebe vorreden, schön vermischt mit einer Pseudo-Religiosität. Man soll keine materiellen Ansprüche haben, man soll seinen Besitz in die gemeinsame Kasse einbringen . . .

Miriam gab einen kostbaren Ring, den ihre Mutter von der schwedischen Pflegemutter geerbt und Miriam zur Konfirmation geschenkt hatte. Was die Menschenliebe betraf – da zeigte sich, daß es sich um eine sehr irdische Liebe handelte. Jedes Mitglied hatte pro Tag so und so viel Geld für die Sekte aufzubringen. Wie, das war egal. Es wurde ihnen klargemacht, daß kein Opfer zu groß für die hohen Ziele der Sekte sei, und die Mädchen sollten auch alle – ja, buchstäblich *alle* Mittel gebrauchen, um an Geld zu kommen.

Es dürfte überflüssig sein, zu sagen, daß Miriams Mutter in ihrer Verzweiflung alles versucht hatte, um ihre Tochter zurückzugewinnen. Aber Miriam war jetzt volljährig, die Mutter konnte nichts tun, außer hoffen und abwarten.

Endlich floh Miriam aus der Sektengemeinschaft und kam zu ihrer Mutter zurück. Vollkommen verstört, halb verhungert, ausgeplündert – aber sie kam. Die Mutter bekam eine Woche Extraurlaub und ließ in dieser Zeit die Tochter nicht aus den Augen. Aber dann mußte sie wieder arbeiten und zitterte jeden Tag aus Angst davor, daß Miriam wieder verschwinden könnte. Wenn nun jemand von der Gruppe ‚Menschenliebe-Menschenglück' bei ihr aufkreuzte und ihr die Unterschrift unter die Nase hielt, die sie damals gegeben hatte?

Miriams wegen bewarb sich die Mutter um eine Stellung in einer anderen Stadt – und Gott sei Dank bekam sie sie auch. Vom ersten Januar an wird sie in einer Filiale in Nürnberg arbeiten, weit entfernt von der Sekte ‚Menschenliebe-Menschenglück' und auch von Miriams antisemitischen Quälgeistern.

Ich habe natürlich auch mit der Mutter gesprochen. Sie steht, wie ich euch sagte, ganz allein auf der Welt, hat keine Verwandten, die sich um Miriam kümmern könnten ..."

„Du brauchst nichts mehr zu sagen, Jessica", sagte Mama. „Laß Miriam kommen. Sie kann bei uns bleiben, bis sie mit der Mutter nach Nürnberg übersiedelt. Nicht wahr, Asbjörn?"

„Selbstverständlich!" nickte Papa.

Ein neues Familienmitglied

Mama und Papa waren nach Frankfurt gefahren, Jessica war schon vollbeschäftigt in der Küche, und ich gesellte mich zu ihr.

„Du, Jessica", fragte ich, während ich den Sahnebesen gründlich ableckte, „wie kam es, daß Miriam dich von deiner Schweigepflicht entbunden hat?"

„Weil ich ihr sagte, daß ich eine wahnsinnig liebe und nette Familie kenne, die sie vielleicht aufnehmen würde, aber dann müßte ich auch alles erzählen können."

„Aha", nickte ich. „Gehe ich recht in der Annahme, daß wir diese wahnsinnig nette Familie sind?"

„Unbedingt", antwortete Jessica und stellte einen überdimensionalen Zitronenpudding in den Kühlschrank. „Weißt du selbst, Elaine, was für ein unwahrscheinliches Glück du im Leben hast? Die Offenheit, die Liebe, die Güte und die gute Laune in deinem Elternhaus, das ist alles so einmalig, so wunderbar, daß du eigentlich jeden Tag dem lieben Gott dafür danken müßtest!"

„Das tue ich auch, wenn auch nicht gerade jeden Tag", gab ich zu. „Weißt du, als ich klein war, dachte ich nie darüber nach. Es war so selbstverständlich, daß Eltern lieb sein sollten, und beinahe immer fröhlich und guter Laune. Erst später wurde mir klar, wie gut wir es haben. Ich habe ab und zu miterlebt, wie meine Schulkameraden es zu

Hause haben. Da waren geschiedene Eltern, da waren Väter und Mütter, von denen man sich erzählte, daß sie ‚fremdgingen', da waren berufstätige Mütter, die den ganzen Tag fort waren. Da waren Kinder, die tagsüber bei der Oma waren, oder kleinere Geschwister, die jeden Morgen in ein Kinder-Tagesheim gebracht wurden."

„Kein böses Wort über die Tagesheime", sagte Jessica, „und kein böses Wort über die Mütter, die berufstätig sind, weil sie es müssen! Und vor allem kein böses Wort über die Omas, die einspringen und es der Tochter oder Schwiegertochter möglich machen, Geld zu verdienen. Aber – ja, jetzt kommt eben ein Aber! – ich meine, wenn es nicht unbedingt notwendig ist, daß die Mutter mitverdient, dann sollte sie bei ihren Kindern bleiben und lieber auf den Farbfernseher, das Zweitauto, den Geschirrspüler oder die Mallorca-Reise verzichten. Das sind alles sehr schöne Dinge, aber wenn sie mit der Einsamkeit der Kinder bezahlt werden müssen, sind sie doch zu teuer!"

Ich nickte.

„Dasselbe sagen meine Eltern! Aber nun ist Mama ja in der glücklichen Lage, daß sie auch zu Hause etwas mitverdienen kann. Manchmal schneidert sie für Nachbarinnen und deren Freundinnen. Sogar hier! Ich weiß nicht, woher die Leute Wind davon bekommen haben, aber tatsächlich weiß das ganze Dorf, daß die Frau Grather im Haus Föhreneck schneidern kann!"

„Dann ist es ja gut, daß Miriam kommt", meinte Jessica. „Sie wird deiner Mutter viel Arbeit abnehmen können! Sie ist eine Expertin in Wäschepflege, sie bügelt und mangelt, wie ... ich weiß nicht was, und sie ist so ordentlich, daß es sich nicht beschreiben läßt!"

„O Himmel!" rief ich. „Dann muß ich aufpassen, daß sie nie meine Schränke und Schubladen von innen zu sehen bekommt! Dann würde sie in Ohnmacht fallen! Aber sag mal, soll nun Miriam hier arbeiten?"

„Klar, was denkst du? Sie kann doch nicht den ganzen Tag dasitzen und Daumen drehen! Sie möchte gern Aufgaben haben, sie will gern arbeiten – nein, ohne Gehalt, sie ist froh, wenn sie ein kleines

Taschengeld bekommt. Ja, und noch etwas, Elaine: Ihr sollt keine Rücksicht nehmen, ihr braucht sie nicht mit seelischen Samtpfötchen anzufassen! Ihr könnt frei und offen über alles sprechen, und ich bitte dich und euch, nur so zu sein, wie ihr es immer seid! Miriam braucht eine sonnige, liebevolle Umgebung, und es ist dringend nötig, daß sie aus Lübeck fortkommt. Ach, diese schöne Stadt mit so vielen netten, freundlichen Menschen – warum hat nun die kleine Miriam das Pech gehabt, solche Auswüchse kennenzulernen?"

„Es ist mir so vollkommen unverständlich", sagte ich. „Erstens, daß man etwas gegen einen Menschen wegen seiner Rasse haben kann. Zweitens, daß es wirklich Menschen gibt, die aus der schrecklichen Vergangenheit nichts gelernt haben. Und drittens, daß es jemand übers Herz bringen kann, einen Mitmenschen so zu quälen."

„Und viertens", ergänzte Jessica, „daß es Leute gibt, die aus lauter Geldgier so eine ‚Sekte' auf die Beine stellen! Es gibt genug seriöse, ehrliche Sekten – denk an die Methodisten, die Baptisten, oder die Zeugen Jehovas. Diese Menschen haben eine ehrliche Überzeugung, es sind Idealisten, die mit Recht wütend werden, wenn so ein gemeines Unternehmen sich auch ‚Sekte' nennt! Oh, das bringt mich auf die Palme!"

„Dann treffen wir uns im Palmenwipfel", sagte ich. „Übrigens, falls etwas eingekauft werden soll, bin ich willig und bereit, zum Kaufmann zu gehen."

„Ja, ich weiß nicht – es sind ein paar Reste im Kühlschrank, die wollte ich ja verwerten. Siehst du, etwas gebratener Fisch . . ."

„Der ist für Anton!" erklärte ich.

„Ach so. Aber die drei Frikadellen . . ."

„Die soll Bisken haben!"

„Das kann ja gut werden", seufzte Jessica. „Ihr verwöhnt eure Tiere nach Strich und Faden, Elaine!"

„Ich weiß es", stimmte ich zu. „Mama versucht ab und zu vernünftig zu sein, aber sie kämpft gegen eine dreifache Übermacht – Papa, Marcus und mich!"

„Es ist wirklich ein ganzer Roman, wie ihr zu dem Köt . . . – ich meine, zu dem süßen Hund gekommen seid", sagte Jessica. „Was hast du eigentlich gedacht, als die kleine – wie hieß sie nun, die Hündin, ach ja, Cora war es – als sie plötzlich ihr Herrchen wiederfand?"

„Ich habe geheult", sagte ich. „Aber ich gönnte es Cora doch, zurück zu ihrem richtigen Frauchen zu kommen – und wie du weißt, endete die ganze Geschichte ja damit, daß unser ganzer Garten umsonst umgegraben wurde!"

„Wie war der junge Mann? War er nett?"

„Ja, sicher." Ich schwieg.

„Mochtest du ihn nicht leiden?"

„Doch, sehr gern."

„Du hast dich also in ihn verliebt", stellte Jessica fest.

Wieder schoß die Röte in meine Wangen.

„Wie kommst du darauf?"

„Weil du plötzlich so wortkarg bist. Entweder bedeutet das, daß du ihn nicht mochtest, oder daß du dich in ihn verliebt hast. Wie ich aus deiner Gesichtsfarbe sehe, ist letzteres der Fall. Na also, dann los, lauf zum Kaufmann und hol ein Pfund Rinderhack!"

Ich nahm Bisken an die Leine und trabte los. Ach, diese Jessica! Sie konnte nun auch noch Gedanken lesen! Aber das machte nichts. Mit Jessica konnte ich sowieso über alles sprechen. Es ist eigentlich komisch. Man kann die liebste, beste Mutter auf der Welt haben, eine Mutter, die immer verstehen und helfen würde – und dabei gibt es Dinge, die man einfach besser mit einer älteren, mütterlichen Freundin besprechen kann. Verstehe es, wer kann.

Ich holte das Fleisch, dann ging ich zur Post. Hier in Rosenbüttel mußten wir selbst unsere Post abholen.

Da war nur ein einziger Brief, und zwar für mich! Mein Herz machte einen Sprung, als ich auf dem maschinengeschriebenen Umschlag den Lübecker Stempel sah! Kaum war ich auf unserem friedlichen, verkehrsarmen Seitenweg, riß ich den Brief auf und las im Gehen.

Liebe Elaine! Anbei die versprochenen Bilder. Wie Du siehst, war das Wiedersehen wie erwartet. Nur schade, daß ich Coras Winseln und Glücksheulen nicht auf Band aufgenommen habe. Na, du hast es ja selbst miterlebt, bei der denkwürdigen Begegnung zwischen Cora und mir.

Ich denke oft an Euch und an die so netten Tage bei Euch. Was hast Du doch für liebe Eltern! Ich möchte Euch so gern mal wieder besuchen, glaubst Du, daß ich es darf? Aber es wird erst nächstes Jahr möglich sein. Ich habe seit meiner Heimkehr viel um die Ohren gehabt, habe ein paar sehr persönliche Probleme, die gelöst werden müssen. Na, das wird schon werden. Übermorgen starte ich dann auf meine Reise zum Mittelmeer. Es wird schön heiß da unten sein!

Was macht Bisken? Falls Du Deine Fotos noch nicht geschickt hast, dann sei so lieb und schick sie meiner Mutter. Die Anschrift hast Du; Muttchen heißt mit Vornamen Susanne.

Cora läßt vielmals grüßen. Sie liegt hier neben mir, schaut mich selig an, kaut vergnügt an einem Lederknochen und hat anscheinend ihren Sohn vollkommen vergessen.

Sehr herzliche Grüße, natürlich auch an Deine einmaligen Eltern und an meinen Freund Marcus, von Deinem

Ingo.

Ich las den Brief noch einmal, war rasend gespannt auf die Fotos, aber die wollte ich nun nicht hier auf der Straße auspacken. Als ich nach Hause kam, hörte ich Jessicas und Marcus' Stimmen vom Garten, also nur schnell das Fleisch in die Küche bringen, und dann – hoppla, Telefon!

Es war Mama, die uns sagen wollte, daß sie gut angekommen waren, und daß Papa meinte, er könne den Geschirrspüler in seinen Kombiwagen laden. Wie himmlisch! Den hatten wir bitter vermißt. Sonst war wirklich alles Notwendige im Haus – nun ja, wenn Mama auch die Küchenmaschine einpacken könnte, und noch ein paar Sachen aus meinem Zimmer . . .

Ich versicherte ihr, daß es uns blendend ginge, und Jessica sich um alles kümmerte. Dann legte ich den Hörer auf und rannte mit meinen

Fotos in den Garten.

Die Fotos waren ganz reizend. Es waren auch einige dabei, die Ingo hier bei uns gemacht hatte. Eins von Marcus mit den beiden Hunden versetzte meinen Bruder in einen wahren Freudenrausch, und er verlangte, es ausgehändigt zu bekommen, damit er es in seinem Zimmer an die Wand pinnen konnte.

„Kinder, ihr verhungert bald", rief Jessica. „Ich muß mich ums Essen kümmern!"

Also zurück ins Haus. Im Flur traf Jessica beinahe der Schlag. Der Fußboden war mit halbzerkautem Papier bedeckt, von dem Fleisch war überhaupt nichts mehr zu sehen – und im Hundekörbchen lagen Anton und Bisken in glücklichem Schlaf mit verdächtig prallen Bäuchen!

Daran war Mama schuld! Als sie anrief, hatte ich das Fleischpaket auf den Hocker neben dem Telefon gelegt und es nachher vergessen!"

„Was gibt es nun zu Mittag, Jessica?" wollte Marcus wissen.

„Spiegeleier und Bratkartoffeln", antwortete Jessica verbissen.

„Und Zitronenpudding!" strahlte Marcus.

Eine neue Freundin

Die Eltern waren in zwei vollbepackten Autos zurückgekommen. Es gab ein Auspacken, ein Umräumen, Ausräumen und Einräumen, daß einem schwindlig werden konnte!

„Die Truhe können wir doch in den Flur stellen, Bernadette!"

„Wo denkst du hin, da steht doch der Schrank! Nein, im Wohnzimmer unter dem Fenster . . ."

„Dann müssen wir den Schaukelstuhl rausschmeißen! Und wohin mit dem kleinen Hängeschrank?"

„Ins Eßzimmer, da ist doch bestimmt Platz genug – warte mal, ich werde ausmessen. Ach, Asbjörn, glaubst du, daß du im Keller noch ein

Wandbord befestigen kannst, ich habe so viele Einmachgläser!"

„Elaine, wenn du dein Bett etwas rückst, hättest du vielleicht in deinem Zimmer Platz für den kleinen runden Tisch. Ja, er muß raus, damit wir den Plattenschrank unterbringen können!"

Es war ein gräßliches Durcheinander. Aber allmählich trat eine gewisse Ordnung ein; mit Mühe und Überlegung schafften wir es, die Sachen aus der Frankfurter Wohnung unterzubringen. Die großen Möbel waren in einem Lagerraum in Frankfurt, aber es gab so allerlei an kleineren Sachen, die wir brauchten, jetzt, da wir ständig hier wohnen sollten.

„Ich bin müde wie ein Kuli", verkündete Mama endlich und sank in den Schaukelstuhl, der doch im Wohnzimmer geblieben war.

„Jetzt hätte Miriam hier sein sollen", sagte Jessica, die tatkräftig mitgeholfen hatte. „Sie könnte euch eine ganze Menge abnehmen, sie ist so praktisch."

„Wie kommt es, daß du so viel über sie weißt?" fragte ich. „Ich meine, nicht nur über ihre seelischen Probleme, sondern daß sie praktisch und ordentlich und so was ist . . ."

„Ich habe doch mit ihrer Mutter gesprochen!" sagte Jessica. „Ich war ein paarmal da, und die Mutter erzählte, daß es Miriam ist, die die Wohnung blitzblank hält, sie wäscht und putzt und räumt auf. Und sie tut es gern! Um so mehr, da sie Zeit hat, weil sie – leider – die Schule nicht mehr besucht. Übrigens, als ich der Mutter gegenüber erwähnte, daß ich eine liebe und nette Familie kenne, die Miriam vielleicht aufnehmen wollte, gab ich ihr den Eindruck, daß die besagte Familie eine Haustochter, eine Haushaltshilfe brauchte. Das scheint übrigens zu stimmen. Also, daß Miriam nicht das Gefühl bekommt, ihr helft ihr nur aus Mitleid!"

„Dann hol sie doch!" sagte Mama. „Worauf warten wir?"

An einem Samstagnachmittag rollte Jessicas komischer, kleiner Wagen wieder vor unser Gartentor. Der erste, der Miriam willkommen hieß, war Bisken. Er war immer maßlos aufgeregt, wenn ein

Auto vor unserem Haus hielt. Er rannte los, erkannte anscheinend Jessica wieder und begrüßte sie stürmisch. Dann untersuchte er durch eifriges Schnüffeln die zweite Ankommende. Anscheinend war sein Eindruck von ihr der beste, denn er kratzte freudig an ihren Beinen, sprang hoch, so weit er es mit seinem dicken, kleinen Körper schaffte, und winselte begeistert.

Seine Begeisterung war berechtigt.

Ich glaube, ich habe noch nie ein so hübsches Mädchen wie Miriam gesehen. Gertenschlank, gut gewachsen, mit einem wunderschönen Gesicht. Ein feines Profil, zwei große, dunkelbraune Augen, eine hohe Stirn, dunkelbraune, beinahe schwarze, gelockte Haare. Die Hand, die sie mir reichte, war schmal und schön geformt.

Auf ihrem Gesicht war nach Biskens stürmischer Begrüßung ein kleines Lächeln. Dieses Lächeln machte sie noch hübscher, und es zeigte zwei Reihen blendendweißer Zähne.

„Herzlich willkommen, Miriam!“ sagte Mama mit ihrer guten, sanften Stimme. „Ja, ich darf doch ganz einfach Miriam sagen? Großartig, daß Sie kommen, Sie ahnen ja nicht, wie dringend wir Sie brauchen!“

„Ich danke Ihnen, daß ich kommen durfte“, erwiderte Miriam. Ihre Stimme war genauso schön wie ihr Aussehen! Es fuhr mir durch den Kopf: Wie war es möglich, daß jemand zu diesem entzückenden Geschöpf boshaft und gemein sein konnte?

„Prima, daß du gekommen bist, Miriam!“ sagte ich. „Ja, ich bin also Elaine, und der, der gerade versucht hat, deine Hosenbeine kaputtzukratzen, ist Bisken!“

„Das ist mir klar“, sagte Miriam. „Frau Doktor hat doch von Bisken erzählt.“

Frau Doktor? fuhr es mir durch den Kopf. Welche Frau Doktor? Dann mußte ich lachen! Frau Doktor, das war Jessica, unsere Jessica, die wir weiß Gott nie Frau Doktor genannt hatten!

Die beiden Männer der Familie erschienen nun auch. Marcus hatte Kater Anton auf der Schulter. Papa gab Miriam einen festen Händedruck und belud sich mit dem Gepäck.

„Aber Sie sollen doch nicht, Herr Grather . . .", fing Miriam an.

„Ich bitte Sie, ich lasse doch eine Dame nicht tragen!" sagte Papa und praktizierte Koffer, Reisetasche, einen Korb und einen Fotoapparat so leicht ins Haus, als wäre es ein Blumenstrauß!

„Bleibst du über Nacht, Jessica?" fragte Mama, als wir am Kaffeetisch saßen.

„Leider nicht! Ich muß wie ein geölter Blitz wieder nach Kiel! Mein Herr und Gebieter ist schon ungeduldig, die Wohnung ist blitzblank und gestrichen und tapeziert, Falko zählt die Minuten, bis ich komme! Schnell noch einen Schluck Kaffee, dann nichts wie los!"

Mama hatte gerade noch Zeit, den Kuchen einzupacken, den sie für Jessica gebacken hatte, dann folgten sechs Umarmungen – die sechste bekam Bisken – und schon brauste Jessica wieder davon.

„Ich zeige dir dein Zimmer, Miriam", sagte ich. „Komm mit, nein Bisken, du bleibst hier!"

„Das brauchst du gar nicht zu sagen", erklärte mein Bruderherz. „Bisken kann ja gar keine Treppen steigen! Aber bald wird er es lernen!"

Anton konnte aber, und er blieb uns dicht auf den Fersen.

„Wirst du es nun aushalten können mit unseren beiden Viechern?" fragte ich, als Anton als erster Miriams Zimmer betrat.

Sie lächelte ihr schönes, kleines Lächeln.

„O ja. Ich mag Tiere gern. Und euer Bisken ist ja unglaublich komisch."

„Ist er auch! Außerdem ist er die Hauptperson des Hauses! Hier, Miriam, es ist vielleicht ein bißchen eng, aber wie du siehst, hast du ein Schrankbett, das kannst du tagsüber unter dem Bücherbord verschwinden lassen – die Kommodenschubladen reichen hoffentlich für Unterwäsche und so was, und sollte der kleine Kleiderschrank dir zu eng werden, kannst du . . ."

„Er ist bestimmt groß genug", sagte Miriam. Sie guckte sich um in dem kleinen Zimmer. „Wie hübsch habt ihr es doch für mich gemacht! Mit Blumen – und Obst . . .“

Das war so eine Gewohnheit bei Mama. Sie stellt für Gäste immer Blumen auf den Nachttisch und ein Schälchen Obst auf die Kommode.

„Das Bad ist hier“, erklärte ich. „Die Haken da sind für dich, und das linke Fach im Schrank auch, für Zahnputzsachen und so was.“

„An alles habt ihr gedacht“, sagte Miriam leise. „Wie lieb ihr seid!“

„Warte mit deinem Urteil, bis du uns näher kennengelernt hast“, meinte ich. „Kann ich dir beim Auspacken helfen?“

„Oh, danke, das mache ich schon, es geht schnell – nun ja, ein bißchen viel habe ich eingepackt, ich mußte ja auch wärmere Sachen für den Herbst und Winter mitnehmen!“

„Weißt du was? Leg die Wintersachen hier auf einen Haufen, wir bringen sie auf den Boden – wir haben selbst eine Menge Wintersachen, die meine Eltern aus Frankfurt mitgebracht haben, die müssen auch eingemottet werden. Wir nehmen deine Kleider mit, dann ist alles ein Abwasch!“

„Was hast du für nette Eltern“, sagte Miriam und legte eine Strickjacke beiseite.

„Ja, weißt du, das sagen alle! Und ich behaupte immer, ich habe sie gut gewählt! Du, ich habe beinahe so eine Strickjacke wie deine, die hat meine Oma in Norwegen mir gestrickt!“

„Ich habe keine Oma, die mir etwas stricken könnte“, sagte Miriam leise.

Ich legte die Hand auf ihren Arm.

„Ich weiß es, Miriam. Du – du tust mir schrecklich leid!“

„Weil ich keine Oma habe oder weil ich Jüdin bin?“

„Weil du weder Oma noch andere Verwandte hast! Warum solltest du mir leid tun, weil du Jüdin bist? Sollten Heine, Mendelssohn, Einstein, Bruno Walter, Kalman und tausend andere berühmte Männer mir leid tun, weil sie Juden waren? Du liebe Zeit, wer fragt schon nach Rasse oder Abstammung?“

„Das tun viele“, sagte Miriam. „Aber denk bloß nicht, daß ich mich schäme, weil ich Jüdin bin!" Sie sprach leise, aber ihre Stimme hatte einen festen Klang. „Ich bin Jüdin, und ich fühle mich als Jüdin, ich bin – ja ich bin eben rassenbewußt!"

„Prima!" sagte ich. „Ich wünschte nur, daß du eine Oma oder am liebsten zwei hättest, und Opas und Tanten und Onkel."

„Du weißt wahrscheinlich, warum ich sie nicht habe", sagte Miriam. Ihre Stimme war sehr ruhig, so unheimlich ruhig wie bei einem Menschen, der sich sehr beherrscht.

„Ja, Miriam, ich weiß es. Und wenn ich daran denke, könnte ich heulen!"

„Das Heulen hilft nur so wenig", sagte Miriam. „Glaubst du nicht, daß ich diesen Pulli lieber hier behalte und nicht einmotte? Es können ja auch im Sommer kalte Tage kommen!"

„Ja, das stimmt schon. Himmel, nun hat Anton sich auf all deinen Wintersachen niedergelassen, das sieht ihm ähnlich – komm Anton, geh rüber in mein Zimmer!" Ich machte die Tür auf, Anton ging zielbewußt hinüber und sprang auf mein Bett.

Dort kringelte er sich behaglich zusammen.

Ich war froh, daß Miriam so offen mit mir gesprochen hatte. Ich mochte sie schrecklich gern, und ihre Offenheit verriet mir, daß dieses Gefühl auf Gegenseitigkeit beruhte.

Ja, ich hatte das sichere Gefühl, daß Miriam und ich richtig gute Freundinnen werden konnten!

Miriams Freund

„Welches Glück, daß du da bist, Miriam!" sagte Mama.

Miriam hatte meine Eltern gebeten, sie möchten doch ‚Du' zu ihr sagen. Was für die beiden als unformelle Norweger eine höchst natürliche Sache war.

„Warum ist es ein Glück?" fragte Miriam. Sie war jetzt drei Tage bei uns und hatte sich schon ganz gut eingelebt.

„Weil ich dir und Elaine für ein paar Tage den Haushalt überlassen muß! Ich habe mich doch von Frau Henning von der Post breitschlagen lassen und mache ihr ein Kleid für die Hochzeit des Sohnes, und die findet am kommenden Sonnabend statt! Also ziehe ich mich zurück an die Nähmaschine und überlasse euch alle Haushaltsprobleme!"

Es muß ein kompliziertes Kleid gewesen sein, denn Mama saß drei Tage am Nähtisch und an der Nähmaschine, und zwischendurch kam die Kundin zum Anprobieren. Das war immer eine langwierige Geschichte, denn die freundliche Frau Henning hatte immer tausend Dinge zu erzählen und beinahe genauso viele Fragen.

Mit Miriams Hilfe hatten wir nun endlich Ordnung im Haus. Porzellan, Gläser und Silber waren vorbildlich in Schränken und Schubladen eingeordnet; alles, was wir aus unserer Wohnung in Frankfurt hierhergebracht hatten, war vernünftig untergebracht. Die furchtbar ordentliche Miriam hatte aus eigener Initiative das Silber geputzt – wobei Bisken ihr den Putzlappen weggeschnappt, entführt und in kleine Schnipsel zerlegt hatte – und alle Gläser extra poliert. Daß Anton sich in dem offengelassenen Gläserschrank zum Schlafen hingelegt hatte, sei nur nebenbei erwähnt!

Nur wenn die Mittagszeit nahte, machte Mama eine Pause bei ihren Schneiderkünsten und kümmerte sich ums Essen. Miriam hatte offen zugegeben, daß Kochen ihre schwächste Seite war, und was meine Kochkünste betrifft, war meine liebe Familie von einem verletzenden Mißtrauen erfüllt!

Aber sonst teilten Miriam und ich uns schwesterlich alle Hausarbeiten, dabei plauderten wir fröhlich, und unsere Freundschaft wuchs von Tag zu Tag.

Als Miriam eines Tages selbst die Sekte erwähnte, in die sie unglücklicherweise geraten war, sagte ich: „Du, ich habe einmal im Fernsehen eine Sendung über solche Sekten gesehen, und ich habe auch darüber gelesen – und da wurde gesagt und geschrieben, daß es furchtbar schwer ist, sich davon zu lösen, wenn man einmal hineingeraten ist. Stimmt das?"

Miriam nickte.

„Ja, das stimmt. Ich hätte es wohl auch nicht geschafft, wenn mir nicht ein guter Freund phantastisch geholfen hätte."

„Ja, aber Miriam, wenn du einen guten Freund hast, wie kam es dann, daß du dich so einsam fühltest, daß du . . ."

„Ich hatte damals keinen Freund. Ich lernte ihn später kennen."

Miriam stellte das Bügeleisen hin und legte sorgfältig die gestickte Decke zusammen, die sie gerade gebügelt hatte. Sie war also beim Bügeln, und ich saß dabei und flickte eine Jeanshose, mit der Bisken sich ausgiebig beschäftigt hatte.

„Ja, aber . . . aber . . ." Ich schwieg. Ich war natürlich brennend neugierig, aber aufdringlich wollte ich nun auch nicht sein. Wenn Miriam erzählen wollte, sollte sie es ohne Aufforderung tun.

Sie breitete ein neues Stück auf dem Bügelbrett aus, nahm wieder das Eisen, und während sie es sorgfältig hin und her bewegte, sprach sie weiter.

„Ich kann es dir gern erzählen. Du weißt ja sonst alles mögliche über mich, ich habe ja Frau Doktor Eichner von ihrer Schweigepflicht entbunden. Aber das mit dem Freund weiß sie auch nicht."

„Ich verstehe aber nicht . . .", sagte ich.

„Ich lernte ihn auf der Straße kennen. Ja, genau, auf der Straße. In der Sekte war es ja so, daß wir andauernd neue Mitglieder beschaffen mußten. Ich hatte es bis dahin nicht geschafft, und der Leiter war mir ziemlich böse, und – na ja, was er sagte, daran denke ich lieber nicht. Jedenfalls meinte ich, es war meine Pflicht, neue Mitglieder zu werben. Ich ging auf die Straße und sah alle Menschen an, die ich traf. Vor einem Schaufenster stand ein junger Mann und sah so furchtbar ernst, beinahe unglücklich aus. Ja, wirklich unglücklich. Da machte ich also meinen ersten Werbeversuch. Ich gebrauchte dieselben Worte, die mich damals dazu gebracht hatten, zu der Versammlung zu gehen. Ich sagte, ich wüßte, wie er froh und glücklich werden könnte."

„Wurde er nicht böse? Ich wäre hochgegangen, wenn jemand mich so – ja, so persönlich angesprochen hätte!“

„Nein, er war nicht böse. Er war wohl – ja, erstaunt! Er sah mich an, und ich fühlte, wie ich errötete. Das alles war mir ja so peinlich! Dann lächelte er gutmütig und sagte – ja, ich weiß es noch wörtlich, ich höre noch seine Stimme – er sagte: ‚Sag mal, Mädchen, du wirbst wohl für so eine Sekte, stimmt das?‘ Ja, das mußte ich zugeben, und dann nahm er meinen Arm und sagte: ‚Komm, ich möchte mit dir reden‘, und wir setzten uns auf eine Bank im Park, und er bat mich, zu erzählen. Er wollte alles über die Sekte wissen, und er fragte, wie es gekommen war, daß ich mich diesem Verein oder wie ich es nun nennen soll, angeschlossen hatte.“

„Und du hast erzählt?“

„Ja. Zuerst dachte ich, hier würde ich endlich ein neues Mitglied werben können, aber ehe ich es selbst wußte, hatte ich über meine eigenen Sorgen erzählt, und all meine Schwierigkeiten, über meine Quälgeister, die Judenhasser waren . . .“

„Und er, dein Freund? Was hat er dazu gesagt? Ich meine, daß du Jüdin bist?“

„Gar nichts! Er nahm es als eine ganz natürliche und ganz belanglose Sache auf! Aber als ich ihm erzählte, wie bodenlos einsam ich war – wie meine Großeltern und alle anderen aus der Generation ums Leben gekommen waren –, da nahm er meine Hand und sagte: ‚Armes, kleines Mädchen.‘

Und dann fing er an, vernünftig zu reden. Er bat mich, ehrlich zu sagen,was diese Sekte mir eigentlich gegeben hatte. Er fragte, ob ich nun wirklich glücklich geworden sei. Dann mußte ich zugeben, daß das gar nicht der Fall war. Anfangs klang alles so schön, wir sollten Menschenliebe praktizieren und dadurch selbst glücklich werden. Aber der einzige, der glücklich wurde, war der Leiter der ganzen Bewegung! Ach, Elaine, ich kann dir nicht alles erzählen, ich glaube, du würdest es doch nicht verstehen! Wie eine Menge junger Menschen sich als Sklaven behandeln ließen – wie wir alles taten, was von uns verlangt wurde. Es wurde uns gesagt, wir sollten genügsam leben, es gäbe höhere Werte auf dieser Welt als gutes Essen und luxuriöse Wohnungen – wir waren alle unterernährt vor lauter Idealismus! Was sage ich – Idealismus? Nun ja, das, was uns als Idealismus vorgegaukelt wurde!

Ja, ich saß also auf der Bank und erzählte und erzählte und beantwortete Fragen. Zuletzt stand mein neuer Freund auf, nahm mich an der Hand und sagte: ‚So, und nun kommst du mit. Jetzt bringe ich dich nach Hause.'

Ich habe mich dagegen gesträubt, ich hatte Angst – oh, du kannst dir nicht vorstellen, welche Angst ich hatte! Man würde mich vielleicht zurückholen, man würde mich grausam bestrafen. Ich mußte zurück zu meinen Leidensgenossen, zu der Sekte, zu dem despotischen Anführer!

‚Das mußt du nicht', sagte er. ‚Vor allem werden wir jetzt deine Mutter benachrichtigen, und wenn du dich davor fürchtest, zu Hause zu bleiben, kommst du vorerst zu mir. Nein, nein, du kannst ganz ruhig sein, ich wohne mit meiner Mutter zusammen. Sie wird schon auf dich aufpassen.'

Ja, und dann war ich plötzlich diesem Menschen gegenüber genauso folgsam, wie ich es bis jetzt in der Sekte gewesen war. Wir gingen zum Parkplatz, wo er seinen Wagen stehen hatte, und wir fuhren zu meiner Mutter. Mein armes Muttchen, was hatte ich ihr bloß für Kummer verschafft! Und wie hat sie sich gefreut, als ich kam! Später erzählte sie mir, daß sie Himmel und Erde in Bewegung gesetzt hätte, um mich aus der Sekte rauszukriegen. Aber alles war vergebens. Ich war volljährig und konnte machen, was ich wollte. Sie bat mich so innig, doch gleich zu Hause zu bleiben und nicht das großzügige Angebot meines neuen Freundes anzunehmen. Sie würde nie die Tür aufmachen, ohne die Sicherheitskette vorzulegen, wenn jemand nach mir fragte, würde sie lügen und sagen, ich sei nicht da. Und sie würde versuchen, ob sie ihren Urlaub vorverlegen könnte, so daß sie drei Wochen zu Hause bei mir bleiben könnte.

Nun ja, das hat dann geklappt, und ich kann dir sagen, Mutti war einmalig zu mir. Ich war bestimmt furchtbar, und Mutti hatte eine Engelsgeduld mit mir."

„Wieso warst du ‚furchtbar'?" fragte ich.

„Na, ich war irrsinnig nervös. Ich hatte Herzklopfen, wenn es an der Tür klingelte, und ich wagte es nie, auf die Straße zu gehen. Und schlafen konnte ich auch nicht. Ja, und dann sprang wieder mein Retter ein. Er holte mich öfters zu einer Autofahrt ab, manchmal kam Mutti auch mit. Und er war es, der mich dazu überredete, zu einer Ärztin zu gehen."

„Und was für eine Ärztin!" sagte ich. „Jessica ist ein Prachtmädchen!"

Miriam lächelte.

„Ja, das kann ich unterschreiben! Nun ja, den Rest kennst du. Nachdem ich herkam, habe ich wie ein gesundes Baby geschlafen und tüchtig gegessen. Und ich bin so froh, daß Mutti nach Nürnberg versetzt wird! In eine Stadt, in der mich niemand kennt, wo ich sozusagen neu anfangen kann!"

„Und dein Freund, der gesegnete Mensch?"

„Ja, er fuhr in Urlaub am Tag nach meinem ersten Besuch bei Frau Doktor Eichner. Er war drei Wochen weg, und nachdem er zurückkam, habe ich ihn nur ein einziges Mal kurz getroffen. Und dann hatte er nur noch eins im Kopf. Er war vollkommen aus dem Häuschen vor Glück, weil er nämlich seinen Hund zurückbekommen hatte! Das Tier war ihm im Frühjahr gestohlen worden, und wie durch ein Wunder hatte er es wiedergefunden!"

Ich weiß nicht, was ich antwortete, weiß nicht, ob ich überhaupt etwas sagte. Ich fühlte nur, daß ich blaß wurde, meine Wangen waren eiskalt, und mein Herz klopfte wie ein Hammer. Ich stand auf, mußte einen Vorwand finden, um zu verschwinden. Ich mußte allein sein. Gott sei Dank, in dem Augenblick klang Mamas Stimme aus der Küche: „Elaine! Elaine! Komm mal schnell!"

Und ob ich schnell kam!

Es zeigte sich, daß sowohl Miriam als auch ich vergessen hatte, Zucker zu kaufen, und Mama stand hilflos da, mit den anderen Zutaten für unseren Nachtisch vor sich auf dem Küchentisch.

„Ihr seid mir zwei Trottel“, sagte Mama. „Spring aufs Rad und hol zwei Pfund Zucker, ein bißchen dalli, bitte!“

Es drehte sich alles in meinem Kopf, drehte sich um die Wette mit dem Fahrrad.

Es war Ingo, der Miriam gerettet hatte. Es mußte Ingo sein. Es gab doch bestimmt keinen zweiten jungen Mann in Lübeck, der im Frühjahr seinen Hund verloren und ihn „wie durch ein Wunder“ wiedergefunden hatte. Und der Freund war drei Wochen weg gewesen – stimmte genau! Und dann seine ganze Art, so wie er Miriam geholfen hatte – ja, das war typisch für ihn!

Miriam – die bildschöne Miriam. Jetzt begriff ich, warum meine kleine Wenigkeit keinen Eindruck auf ihn gemacht hatte. Ich mit meinen Wuschelhaaren und meinem ganz und gar „unklassischen“ Profil.

Wenn er in Lübeck eine so schöne Freundin hatte! Und so lieb und nett dazu! Zwei Jahre älter war sie als ich – auch in dem Punkt paßte sie besser zu ihm.

Sollte ich Miriam erzählen, daß ich ihren Freund kannte? Daß er es war, der unseren Garten angelegt hatte? Daß wir es waren, die Cora gefunden und adoptiert hatten?

Ja. Ich mußte es ihr erzählen! Denn früher oder später würde irgendeiner von der Familie seinen Namen erwähnen und die Geschichte von der wiedergefundenen Cora erzählen. Ja, ich mußte es ihr sagen, und in einer Weise, daß sie nicht verstand, daß ich mich in ihren Freund restlos, hilflos verliebt hatte.

Ja, denn das hatte ich. Wenn ich überhaupt noch daran gezweifelt hatte, dann wußte ich es jetzt. Sonst hätte es mir nicht so weh getan, zu erfahren, daß er eine andere Freundin hatte. Eine liebe, nette, bildschöne Freundin, die es außerdem so schwer im Leben gehabt hatte, daß er sie nie, nie im Stich lassen konnte.

Ich hatte einen Kloß im Hals, und er wuchs und wuchs. Als ich auf dem Rückweg vom Kaufmann zu der Stelle kam, an der ich damals Ingo getroffen hatte, wo sich Cora wie eine Verrückte losriß und dem kleinen grünen Auto nachlief, mußte ich vom Rad steigen. Ich konnte nicht mehr den Weg vor mir sehen. Ich wischte mir die Augen, wieder und wieder, und ich schob das Rad, bis ich an der Stelle vorbei war, wo das Auto damals gehalten hatte.

Dann hatte ich mich einigermaßen wieder gefangen. Ich durfte nicht in verheultem Zustand nach Hause kommen. Niemand durfte dies wissen – niemand durfte ahnen, wie weh mir das alles tat.

Ich hatte schließlich meinen Stolz. Und welches Mädchen will zugeben, daß sie sich in den Freund eines anderen Mädchens hoffnungslos verliebt hat?

Aber eins wußte ich. Ich mußte jetzt mehr Selbstbeherrschung aufbringen als jemals zuvor in meinem Leben.

Und das, was ich Miriam erzählen wollte, das mußte ich munter und fröhlich erzählen.

„Nimm dich zusammen, Elaine“, sagte ich mir selbst. „Nimm dich zusammen! Du hast doch deinen Stolz!“

„Na, du Trödelliese“, sagte Mama. „Hast du so lange beim Kaufmann warten müssen? Aber Kind, wie siehst du aus, hast du geweint?“

„Von wegen geweint!“ antwortete ich. „Mir ist ein Staubkorn ins Auge geflogen. Hier ist der Zucker, ich muß eben ins Bad und mir die Augen wischen! Blödes Staubkorn!“

Ein Traum wird begraben

Ich klaubte mein letztes Taschengeld zusammen. Das würde gerade für eine Stunde Reiten reichen. Also radelte ich an diesem Nachmittag los und mietete für eine Stunde ein Pferd. Mein Liebling, die Stute

Ballerina, war zum Glück frei. Dann ritt ich raus ins Terrain, ließ Ballerina traben oder im Schritt gehen, wie sie wollte. Es war schön, allein auszureiten. Schön, nur die Nähe des Tieres zu spüren, zwischendurch den warmen Pferdehals zu streicheln – und in Ruhe nachdenken zu können.

Eins stand fest. Ich mußte so bald wie möglich Miriam alles erzählen. Aber wie?

Vielleicht könnte ich sie zum Weitererzählen bringen. Dann mußte ich so tun, als ginge mir plötzlich ein Licht auf. Ich mußte fragen, ob ihr Freund wohl zufällig Ingo hieße. Und dann mußte ich sehr, sehr überrascht sein – so etwa: Nein, ist das aber ulkig – was für ein Zufall – das ist aber lustig – ja, dann hast du wirklich einen prima Freund! – Ja, ungefähr so mußte ich mich ausdrücken. Und ich mußte dabei lächeln, mußte ganz unbeschwert sein – und später mußte ich fröhlich und eifrig meinen Eltern sagen: Könnt ihr euch denken, Miriam kennt den Ingo!

Ja. So mußte ich es machen.

Ich saß da auf dem Pferderücken und übte die Sätze ein. Ich trainierte den fröhlichen Gesichtsausdruck, ich sprach halblaut vor mich hin, zwang meine Stimme dazu, unbeschwert zu klingen.

Es war nicht leicht.

Aber es mußte gehen. Es sollte gehen! Denn, wie gesagt: Ich habe schließlich meinen Stolz!

Ich drückte die Hacken fest an Ballerinas Flanken, und es ging in sausendem Galopp zurück.

Die Gelegenheit kam am folgenden Tag. Miriam und ich waren beim Apfelschälen. Unten im Garten waren ein paar Apfelbäume – es waren Augustäpfel, sie waren jetzt gerade reif genug für das Apfelgelee, das Mama jedes Jahr für Mann und Sohn kochen muß. Ein ganz feines Rezept, es stammt von meiner kochfreudigen Ur-Oma, und sie hatte Mama nahegelegt, nie ungeschälte Äpfel zu benutzen.

Also standen wir da und schälten.

„Du, Miriam“, sagte ich (lieber Gott, mach, daß meine Stimme natürlich klingt!), „wir wurden gestern unterbrochen, als du mir von deinem Freund erzähltest."

„Ach ja, richtig. Aber es ist eigentlich nichts mehr zu erzählen."

„Na, das bezweifle ich", sagte ich. (Oh, hoffentlich klang meine Stimme recht munter und freundlich neugierig.) „Du hast gar nicht erzählt, daß du dich restlos in ihn verliebt hast!"

Eine feine Röte stieg in Miriams Wangen.

„Nun ja, das habe ich wohl vielleicht", gab sie zu.

„War es denn nicht schwer für dich, Lübeck zu verlassen?"

„O nein. Er ist ja nicht mehr da. Kurz nachdem er vom Sommerurlaub zurück war – ja, ich sagte dir doch, ich habe ihn nach dem Urlaub nur einmal kurz getroffen, und er sprach nur von seinem Hund – ist er ins Ausland gefahren. Eine Stipendienreise. Er studiert Archäologie."

Jetzt, Elaine, dachte ich. Jetzt!

Ich ließ das Messer sinken und sperrte die Augen auf, richtete den Blick direkt auf Miriam.

„Achäologie – und Hund wiedergefunden – jetzt fällt bei mir der Groschen! Du, Miriam, heißt dein Freund zufällig Ingo? Und der wiedergefundene Hund Cora?"

Jetzt war Miriam an der Reihe, die Augen aufzusperren und das Messer sinken zu lassen.

„Kennst du ihn?"

„Und ob!" rief ich. „Es waren ja wir, Papa und ich, die Cora fanden! Und hier, ein paar hundert Meter von unserem Haus entfernt trafen sich Ingo und Cora! Und Bisken – der ist Coras Sohn!"

„Jetzt schlägt es aber dreizehn!" rief Miriam. „Warte mal, was hat er damals alles erzählt – ja, Hund wiedergefunden – vierzehn Tage Sommerjob bei einer ganz reizenden Familie!"

„Das waren wir!"

„Ja, das wart ihr; das mit dem ‚reizend' unterschreibe ich! Aber er hat mir nicht den Namen der reizenden Familie gesagt, er erzählte nur, daß alles in Niedersachsen passiert sei, und Niedersachsen ist groß. Nein,

Elaine, das ist doch komisch!“

„Ja, ist es nicht lustig? So klein ist die Welt!“

„Und wie findest du Ingo? Ist er nicht nett?“

„Doch. Sehr nett. Ein prima Kerl! Und so wie er arbeiten kann! Hat er dir erzählt, daß er den ganzen Garten umgegraben, ja, ihn direkt angelegt hat?“

„Nein, er sagte nur, daß er einen Sommerjob gehabt hatte. Er war so rasend in Eile, seine Reise war vorverlegt, und er hatte tausend Dinge zu tun, Flugkarten und Visa und Reiseschecks und einen Koffer kaufen und noch etwas und noch etwas. Er wollte mir schreiben und alles erzählen, aber das hat er bis jetzt nicht getan, der faule Kerl!“

„Der Brief kann ja noch kommen. Ich habe mir sagen lassen, daß Mannsbilder oft schreibfaul sind.“

„Na ja, er buddelt wohl nach Scherben und Ruinen in Italien. Außerdem ahnt er ja nicht, daß ich hier bin, aber Mutti wird schon den Brief nachsenden, wenn er kommt.“

Mirian nahm die Arbeit wieder auf. Dann sagte sie langsam: „Aber wie ist es mit dir? Hast du dich auch in ihn verliebt?“

„Wo denkst du hin? Er ist doch viel zu alt für mich. Sechs Jahre älter! Ja, wir haben es sehr nett gehabt, aber von Verliebtheit keine Spur! Warte mal, ich zeige dir die Bilder!“

Ich rannte in mein Zimmer. Ich hatte das Gefühl, einen Rekord in Selbstbeherrschung geleistet zu haben. Nur zwei Minuten Alleinsein – zwei Minuten Pause in dieser furchtbaren Komödie . . .

Ich holte mein Fotoalbum und ging wieder in die Küche.

„Hier, erkennst du ihn so, als Gärtner? Und da sind wir alle am Kaffetisch im Garten – ja, und dann Cora und Bisken, ja das Schwarze, Undefinierbare da ist tatsächlich unser Haushund, vier Wochen alt. Ist er nicht komisch? Und Cora war die süßeste kleine Hundemutti und furchtbar stolz auf ihr lustiges Baby. Ach, es war schwer, sich von Cora zu trennen!“

„Das kann ich verstehen“, nickte Miriam. „Aber dafür habt ihr ja Bisken!“

„Ja, Gott sei Dank", sagte ich. „Unser liebes Bisken!"

Als Mama in die Küche kam, um zu sehen, wie weit wir mit den Äpfeln waren, hatte ich mich so weit in der Gewalt, daß ich mit meiner natürlichen Stimme (glaube ich!) sagen konnte: „Denke dir, Mama, Miriam kennt Ingo! Nicht nur das, er ist ihr guter Freund! Ist das nicht lustig?"

„Was du nicht sagst! Ja, das ist wirklich ulkig. Da hast du aber einen sehr netten Freund, Miriam! Wie geht es ihm jetzt?"

„Hoffentlich gut, er ist im Ausland."

„Und praktiziert die italienischen Worte, die ich ihm eingehämmert habe", lächelte Mama. „Und unser Felinchen – ich meine, Cora – ist zu Hause bei ihrem rechtmäßigen Frauchen! Wie geht es, Kinder? – Ach, ihr seid ja fleißig gewesen; mehr faßt der Kochtopf nicht, ihr könnt vorläufig eine Pause machen!"

Miriam wollte ihrer Mutter schreiben und zog sich zurück. Ich ging in den Garten, setzte mich auf die kleine Bank, auf der Ingo und ich oft gesessen hatten, wenn er sich eine kurze Verschnaufpause gönnte.

„Du hast es geschafft, Elaine", sagte ich zu mir selbst. „Du hast es tatsächlich geschafft. Ich bin stolz auf dich!"

Bisken kam angewedelt, stellte sich auf die Hinterbeine und wollte auf meinen Schoß. Ich nahm ihn in die Arme, er leckte mich eifrig und verlangte ganz deutlich, gekrault zu werden.

Ich legte meine Wange an sein warmes, weiches Fell.

„Jetzt habe ich nur noch dich", flüsterte ich. „Nur dich – du liebes Bisken!"

Die Tage vergingen. Man gewöhnt sich allmählich an alles, auch an ein gebrochenes Herz und einen begrabenen Traum.

Oh, ich Idiot, warum mußte ich mich auch ausgerechnet in den Freund eines anderen Mädchens verlieben? In den Freund eines so lieben, hübschen Mädchens wie Miriam es war?

Diesmal hatte das Schicksal es nicht gut mit mir gemeint.

Aber, wie gesagt, man gewöhnt sich an alles.

Die Ferien waren zu Ende, und ich fing mein neues Dasein als Fahrschülerin an. Es dauerte ein paar Wochen, bis ich mich in all das Neue eingelebt hatte, aber allmählich ging es ganz gut. Ich war in eine nette Klasse gekommen, bekam bald Kontakt mit ein paar Klassenkameraden, und dann hatte ich natürlich viel Spaß mit meinen französischen Sprachkenntnissen. Es dauerte nicht lange, dann baten mich die Klassenkameraden um Hilfe – es war leichter, mich schnell nach einem französischen Wort zu fragen, als im Wörterbuch zu suchen!

Die halbe Stunde, die ich morgens im Zug verbrachte, war Gold wert! Was ich da alles an Schularbeiten erledigte! Ich paukte englische Grammatik, ich las die Seiten Geschichte, die ich am vorhergehenden Nachmittag hätte lesen sollen, ich beschäftigte mich sogar mit der verflixten Mathematik! Kein Wunder, daß Fahrschüler immer etwas wissen, wenn sie aufgerufen werden! Was hatte Papa einmal gesagt? „Wenn ich nicht in meiner Schulzeit von der Vorortbahn abhängig gewesen wäre, hätte ich nie das Abitur geschafft!"

Jetzt verstand ich ihn! Wenn ich mit Gottes Hilfe das Abitur schaffen würde, dann hätte ich es hauptsächlich dem Zug zwischen Rosenbüttel und Braunschweig zu verdanken!

Bisken wuchs und wuchs, er hatte beinahe die Größe seiner Mutter erreicht. Komisch sah er aus. „Er wirkt auf meine Humornerven", lachte Papa, wenn Bisken den Kopf auf die Seite legte, den Blick auf Papa richtete und die kleine flache Nase an sein Knie stupste. Ein dummer Hund war er nicht! Er kannte unsere Namen, er reagierte immer richtig, wenn wir ihm sagten: „Wo ist Frauchen?" – „Geh zu Miriam!" – „Bisken, hol Marcus!" – „Bisken, Herrchen kommt!"

Er lernte bald, Papas Hausschuhe zu holen, und wenn einer von uns sich aufmachte, um zum Kaufmann zu gehen, rannte Bisken in den Flur und holte seine Leine.

Das abendliche Filmen war ihm auch eine Selbstverständlichkeit geworden. Er hatte es ja auch buchstäblich jeden Tag seit seiner Geburt erlebt. Wenn Papa gegen Abend aufstand, sprang Bisken auch hoch und rannte vor, in Richtung Atelier. Dort sprang er unaufgefordert auf den Platz vor der Kamera und ließ sich durchaus nicht stören, weder vom Scheinwerfer noch vom Surren des Apparats.

Es dauerte eine Zeit, bis Papa den ersten Film geschnitten und geklebt hatte.

„Eine Sauarbeit", drückte er sich aus. „Und so was macht man freiwillig!"

„So war es wohl auch, als du den Baum aufnahmst", meinte Mama.

„Der Baum stand doch still auf seinem Platz! Er hopste nicht herum und hatte keinen Schwanz, mit dem er wedeln konnte! Nun ja, wir werden mal sehen – es kann ja ganz ulkig werden!"

Der Film war mehr als ulkig! Als endlich der Tag kam, an dem Papa ihn uns zeigte, waren wir sprachlos! Vor unseren Augen wuchs das kleine, neugeborene Knäuel, es fing an, sich aufzurichten, es konnte sitzen, es stand auf, und es wuchs und wuchs, nahtlos und stufenlos.

„Nein, so was!" rief Miriam. „Das ist doch phantastisch! Aber der Film ist so kurz!"

„Ja, aber Bisken ist ja auch nur wenige Monate alt! Und von wegen kurz! Hier ist der Film", Papa zeigte mit dem Finger auf die kleine Filmspule, „und hier ist das, was ich weggeschnitten habe." Er zeigte uns einen großen Karton voller Filmstreifen. „Es ist vorgekommen, daß ich einen Meter gedreht und davon drei Zentimeter behalten habe! Der verflixte Köter ruiniert mich!"

Diesen Film hätte Ingo sehen müssen, dachte ich. Ihn hätte es einen Heidenspaß gemacht!

Überhaupt, der Gedanke an Ingo ließ mich nicht los! Ich hatte seinen Brief von damals wieder und wieder gelesen, und besonders ein Satz gab mir keine Ruhe: Ich habe ein paar sehr persönliche Probleme, die gelöst werden müssen.

Was waren das wohl für Probleme? Hatten sie etwas mit Miriam zu tun? Hatte er Angst, daß sie, wenn er weg war, zu dieser schrecklichen Sekte zurückgehen würde? Fühlte er eine große Veantwortung für Miriam?

Oder – hatte er sie ganz schrecklich lieb? Ja, natürlich hatte er das! Und bestand sein Problem darin, daß er sie ungern für so lange Zeit verlassen wollte? Überlegte er sich, ob er sie mitnehmen könnte, oder ob sie ihn in Italien besuchen könnte?

Meine Phantasie trieb Blüten, und was für welche! Na, jedenfalls hatte er Miriam nicht mitgenommen! Aber daß sie ausgerechnet bei uns gelandet war – was würde er dazu sagen, wenn er es erfuhr?

Ich hätte ihm so gern geschrieben, aber ich kannte ja seine Adresse nicht. Ich wußte nicht, wo in Europa er rumbuddelte und antike Scherben ans Licht brachte.

Nicht daran denken, Elaine! sagte ich streng zu mir selbst. Du kannst doch nichts machen. Fang endlich an, den Aufsatz zu schreiben, den du übermorgen abliefern mußt!

Das tat ich dann.

Der Fernsehtechniker

„Miriam, guck mal! Ich habe etwas für dich!"

Ich kam aus der Schule. Unterwegs war ich in der Foto-Drogerie gewesen, hatte Bilder abgeholt und gleich auch für Miriam Abzüge bestellt.

„Oh, da bin ich gespannt, Elaine! Nein, wie ist das reizend! Dies von Bisken und Anton – und das von dir und mir, das möchte ich Mutti schicken; sie wird sich freuen, wenn sie sieht, wie ich zugenommen habe! Du, das von deiner Mutti ist ja entzückend – und Marcus und Bisken! Sind sie wirklich alle für mich? Du bist lieb! Du, die kommen sofort ins Album, sie sollen nicht so in der Gegend rumliegen!"

Miriam holte ein Album aus ihrem Bücherbord, legte es auf den Tisch und suchte Klebepaste im Schrank.

„Darf ich das Album ansehen, Miriam?"

„Ja, natürlich, so lange du willst. Aber es ist nicht spannend, es sind nur Bilder von unseren Ferien und so was. Ja, die ersten wurden aufgenommen, als Vati noch lebte; die Kleine da mit den Zöpfen bin ich. Sonst,weißt du, habe ich ja keine Familienbilder, weil ich keine Familie habe!"

„Vermißt du es sehr, Miriam?"

„O ja. Irgendwie habe ich mich daran gewöhnt. Aber wenn du von deiner Tante Cosima sprichst, oder von deiner Oma, dann wird mir so traurig bewußt, daß ich nie in meinem Leben einen Menschen Tante oder Onkel oder Oma oder Opa genannt habe. Vati hatte zwei ältere Brüder, und die kamen auch ums Leben, so wie alle meine Verwandten. Meine Eltern wurden nur dadurch gerettet, daß sie als Pflegekinder nach Schweden kamen – aber, das weißt du ja schon."

Ich nickte. „Ja, ich weiß es, Miriam."

„Aber *ein* altes Familienbild habe ich doch", fuhr Miriam fort. Sie blätterte zurück auf die erste Seite des Albums. „Dieses Bild hatte Mutti mit in einem Beutel, direkt am Körper, als sie damals nach Schweden kam. Das Foto und einen Brief von ihrem Vater an die unbekannten Pflegeeltern – und ihre Geburtsurkunde. Das Bild ließ Mutti abfotografieren. Das Original liegt in einem Banksafe."

Sie schob mir das Album hin. Das Bild zeigte ein kleines fünfjähriges Mädchen zusammen mit den Eltern. Darunter hatte Miriam geschrieben:

Mutti mit ihren Eltern. Bratislava 1939.

Ich sah mir das Bild lange an. Ja, Miriam ähnelte ihrer Mutter.

„Und dies ist alles, was du noch aus der Kindheit deiner Mutter hast, Miriam?"

„Nein, ich habe viele Bilder von ihr, die in Schweden aufgenommen wurden. Und Mutti selbst hat drei Briefe von den Eltern an die Pflegeeltern. Dann hörten sie nichts mehr. Erst viel später bekamen die Pflegeeltern zu wissen, daß die ganze Familie ums Leben gekommen war – in Bergen-Belsen. Dann wurde Mutti adoptiert, und zum Glück bekam sie sehr liebe und gute Adoptiveltern. Sie kann sich nur ganz schwach an ihre richtigen Eltern erinnern, und von ihrer Muttersprache kennt sie nur noch ein paar Worte."

„Und dein Vater? Weißt du nichts über seine Familie?"

„Nur daß alle tot sind. Alle! O Elaine, wenn du wüßtest, wie bitter es ist, so furchtbar allein auf der Welt zu sein! Und daß auch Vati so früh sterben mußte! Mutti und ich haben nur noch einander. Und weißt du, wir Juden sind – ja, wir sind sehr familienbewußt! Deswegen hütet Mutti die paar Erinnerungen von ihren Eltern wie ihren kostbarsten Schatz. Die Briefe – in vorbildlichem Deutsch geschrieben, ja, Muttis Adoptiveltern verstanden Deutsch –, ich habe sie öfter gelesen und dicke Tränen geheult! Mein Großvater hat die schwedischen Adoptiveltern angefleht, gebeten, sie möchten doch das Kind behalten – ich weiß, in dem letzten Brief steht: *„Sie müssen verstehen, wenn Eltern sich zu der seelischen Amputation entschließen, die die Trennung von dem eigenen, geliebten Kind bedeutet, dann gibt es überwältigende Gründe dafür! Hier hätte unsere Tochter überhaupt keine Chance, könnte keine Ausbildung bekommen, würde eine Ausgestoßene sein, so wie wir es sind. Wir wissen von einem Tag zum anderen nicht, was mit uns geschehen wird, und der einzige Lichtpunkt in unserem unbeschreiblich schrecklichen Dasein ist die Tatsache, daß unsere Kleine in Sicherheit ist. Gott segne Sie für alles, was Sie für unser Kind tun!"*"

Miriams Stimme zitterte. Dann schluckte sie und blätterte weiter im Album.

„Hier ist Mutti als Schulanfängerin – da auf einer Klassentour – da kurz nachdem sie Vati kennengelernt hatte, sie waren Schulkameraden . . ."

Sie blätterte weiter. Hochzeitsbild, dann ein Bild von der Mutter mit der neugeborenen Miriam. Miriam an ihrem dritten Geburtstag, Miriam mit Schulanfängertüte, Klassenbilder – Bilder, wie sie sich bei jedem Kind ansammeln. Ganz zuletzt ein Bild von Miriam mit Ingo. Er stand lächelnd neben ihr und hatte den Arm um ihre Schultern gelegt. Und sie standen vor dem kleinen komischen Auto, das ich so gut kannte.

„Wer hat das denn aufgenommen?" fragte ich.

„Mutti. Er hatte uns beide zu einem Sonntagsausflug eingeladen."

Dann kamen die Bilder, die hier bei uns aufgenommen worden waren: mit meinen Eltern, mit Marcus und mir – und immer und überall Bisken!

Ich schloß das Album.

„Vielen Dank, Miriam. Es war nett von dir, mir das alles zu zeigen. Wir müssen jetzt runter!"

Mamas Stimme klang durchs Haus: „Kinder, kommt zum Essen!"

Es hatte wehgetan, das Bild von Ingo und Miriam zu sehen. Und es hatte wehgetan, die Geschichte von Miriams Großeltern zu hören, die ihr Kind weggeben mußten, an fremde Menschen, weit weg in ein fremdes Land.

Arme, einsame Miriam.

Sie sollte ihren Ingo behalten. Und ich mußte, *mußte* ihn aus meinem Herzen, aus meinem Leben streichen. Er durfte nichts anderes für mich sein als eine nette Sommererinnerung!

Leicht gedacht, schwer durchzuführen!

Aber es mußte sein!

„Elaine", sagte Papa und riß mich aus meinen traurigen Gedanken. „Ab morgen mußt du meine sozusagen wichtigste Pflicht übernehmen. Du mußt Bisken jeden Abend filmen!"

„Ich werde mein Bestes tun", versprach ich. „Was hast du vor? Verläßt du uns schon wieder?"

„Schon wieder ist gut! Nun habe ich wochenlang nur hier in Niedersachsen gefilmt; ich habe das Gefühl, daß ich jeden Quadratmeter von der Lüneburger Heide mitgekriegt habe! Ich muß nach Hamburg. Städtebilder mit Herbstfarben, und wenn Petrus uns einen schönen Herbststurm schicken würde, könnte ich stürmische Aufnahmen vom Hamburger Hafen machen! Ja, und Waldbilder und Moorbilder und Herbstarbeit auf den entlegensten Bauernhöfen in Norddeutschland!"

„Na, dann viel Vergnügen", sagte ich. „Ich werde unseren Rassehund schon filmen, wenn du bloß genug Filmmaterial hinterläßt!"

Am Abend saßen wir vor dem Fernsehapparat, aber daran hatten wir wenig Freude! Der Apparat spielte verrückt, das Bild lief und lief, und zuletzt lief überhaupt nichts mehr – der Bildschirm wurde schwarz, und der Ton verschwand.

„So was!“ ärgerte sich Papa. „Und das mitten in dem Film, den ich so gern gesehen hätte. Gut, ich muß morgen früh sowieso nach Hannover, ich werde einen Fernsehtechniker bestellen; hoffentlich bringt er den alten Kasten zurück ins Leben!“

Am nächsten Morgen fuhr Papa los mit seiner ganzen filmtechnischen Ausrüstung. Am Nachmittag ging Mama zu einer Elternversammlung in der Schule, die die Ehre hatte, meinen hoffnungsvollen Bruder als Schüler zu haben. Derselbe Hoffnungsvolle verschwand mit unbekanntem Ziel, und so waren Miriam und ich allein im Haus, als es an der Tür klingelte. Es war der Fernsehtechniker, ein netter junger Mann mit einem freundlichen Lächeln.

Bisken betrachtete jeden Besucher als eine willkommene Abwechslung in seinem Alltagsleben, begrüßte den Techniker auf stürmische Weise, wurde gestreichelt und fing sofort an, die große Tasche mit allerlei Werkzeug und Ersatzteilen genauestens zu untersuchen.

„Hör mal, du kleiner Frecher, einen Assistenten brauche ich nun nicht, geh zu deinem Frauchen!“

Ich brachte Bisken in Sicherheit, und Miriam und ich sahen zu, als der Techniker mit geübten Händen die Rückwand des Apparats entfernte und anfing, all die unbegreiflichen Teile darin zu untersuchen.

„Es tut mir leid“, sagte er schließlich. „Es bleibt mir nichts anderes übrig, als das ganze Ding mit in die Werkstatt zu nehmen. Wir werden uns aber gleich darum kümmern, hoffentlich bekommen Sie ihn recht bald wieder!“

„Zu dumm, daß meine Eltern nicht zu Hause sind“, meinte ich. „Kann meine Mutter vielleicht bei Ihrer Firma anrufen?“

„Klar! Hier ist unsere Firmenkarte, mit Telefonnummer. Ihre Mutter kann ja nach mir fragen. Ich heiße Kalinic. Daniel Kalinic. Ich schreibe es Ihnen auf, ich weiß, daß es ein schwieriger Name ist!“

„Das brauchen Sie nicht, Herr Kalinic“, sagte Miriam, und ihre Stimme war leise. „Ich behalte Ihren Namen. So hieß meine Mutter einmal.“

„Was Sie nicht sagen! Ist Ihre Mutter Tschechin?“

„Ja. Sie auch?“

„Ja und nein. Meine Familie kam ursprünglich aus der Tschechoslowakei, aber das ist lange her. Lange vor meiner Geburt. Mein Großvater war klug genug, rechtzeitig sein Vaterland zu verlassen. Wegen fehlender arischer Abstammung!“

„Oh, so sind Sie auch jüdisch?“

„Unbedingt. Und das ‚auch‘ bezieht sich vielleicht auf Ihre Mutter?“

„Ja, und auf mich.“

„Wer weiß, vielleicht sind wir irgendwie verwandt!“

Miriam schüttelte den Kopf. „Leider nicht. Die ganze Familie meiner Mutter ist ums Leben gekommen.“

Daniel Kalinic nickte.

„So ist es auch in unserer Familie. Die einzigen, die davonkamen, waren meine Großeltern; und was ich an Familie habe, stammt alles von ihrer Seite! Tante und Onkel, Vetter und Cousinen jede Menge! Nun ja, Kalinic ist kein seltener Name in der Tschechoslowakei, aber immerhin, ich kann Opa einmal fragen. Sagen Sie, wann ist Ihre Mutter geboren?“

„1934. Und sie heißt Ruth.“

„Also Ruth Kalinic, Jahrgang 34. Gut, ich werde Opa fragen. Er ist der einzige, der richtig Bescheid weiß und die Jahre vor dem Krieg als erwachsener Mensch erlebt hat!“

Daniel hob das schwere Fernsehgerät von seinem Platz in der Ecke, ich hielt ihm die Tür auf.

„Ich fasse mit an“, sagte Miriam. „Es ist zu schwer für Sie allein!“

Zusammen trugen sie den Apparat zum Kombiwagen hinaus, ich machte die Hintertür auf, und das Gerät wurde vorsichtig hineingeschoben.

„Werden Sie den Apparat zurückbringen?“ fragte Miriam.

„Worauf Sie sich verlassen können! Und bis dahin werde ich aus meinem Großvater alles herausgequetscht haben, was er über die Familie Kalinic weiß!"

Er setzte sich hinters Steuer. Dann reichte er durch die offene Tür Miriam die Hand.

„Familie hin, Familie her, jedenfalls war es sehr nett, Sie kennenzulernen", sagte Daniel Kalinic.

Dann machte er die Tür zu und fuhr davon.

Der folgende Tag war ein Sonnabend, und ich hatte schulfrei.

Als es gegen zehn Uhr an der Tür klingelte, dachte ich, es wäre vielleicht Dorte und rannte zur Tür. Aber da stand kein junges Mädchen, sondern ein alter Herr mit schneeweißem Bart und zwei wachen, klugen Augen in einem faltigen Gesicht.

„Guten Tag. Mein Name ist Kalinic. Entschuldigen Sie, daß ich so mit der Tür ins Haus falle, aber . . ."

„Kommen Sie rein, Herr Kalinic, Sie wollen bestimmt Miriam sprechen!"

„Ja", sagte der alte Herr. „Ich möchte sehr gern Miriam sprechen!"

Nun erschien Mama. Natürlich hatten wir ihr von dem Fernsehtechniker erzählt, von seiner Abstammung und von dem Namen Kalinic.

Mama bat den alten Herrn, Platz zu nehmen, und ich rannte in den Garten, wo Miriam gerade dabei war, die Wäsche aufzuhängen.

„Miriam! Besuch für dich! Ich glaube, daß es der Opa von Daniel Kalinic ist!"

Ich war zum Platzen neugierig und blieb Miriam auf den Fersen.

Als wir ins Wohnzimmer traten, stand Herr Kalinic auf. Er reichte Miriam die Hand und sah sie aufmerksam an, als wollte er sich jeden Gesichtszug einprägen.

„Sie sind also Miriam", sagte er. Seine Stimme war schön, warm und melodisch. „Mein Enkel hat mir erzählt, daß Ihre Mutter eine geborene Kalinic ist."

„Ja, ursprünglich hieß sie so. Dann wurde sie von ihren schwedischen Pflegeeltern adoptiert und bekam deren Namen."

„Und sie wurde 1934 geboren?"

„Ja. Im Februar 34."

Mir fiel etwas ein. Ich rannte nach oben, in Miriams Zimmer. Ich wußte genau, wo sie ihr Fotoalbum hatte.

Ich schob es ihr in die Hand.

„Miriam! Zeig doch Herrn Kalinic das Bild von deinen Großeltern!"

Ohne ein Wort reichte Miriam ihm das Album. Der alte Herr putzte die Brille, stand jäh auf, ging ans Fenster und betrachtete das Bild. Dann sah ich, daß sein weißer Kinnbart zitterte. Wieder putzte er die Brille und räusperte sich.

Aber es dauerte noch eine Weile, bevor er sprach. Endlich kam es – leise und heiser: „Es ist mein Bruder. Mein Bruder David."

Miriams Augen wurden groß und weit. Sie schluckte, bevor sie sich traute zu sprechen. Auch sie sprach heiser: „Sind Sie sicher?"

„Ja, Miriam. Dein Großvater hieß doch David und seine Frau Miriam? Du bist nach deiner Großmutter genannt?"

Miriam nickte, und ihr geflüstertes „Ja" war kaum hörbar.

„Miriam. Kleine Miriam. Deine Mutter ist meine leibliche Nichte. Und ich bin dein Großonkel. Ich bin euer Onkel Isaac."

Er breitete die Arme aus. Und jetzt konnte sich Miriam nicht mehr beherrschen. Die Tränen liefen über ihr Gesicht, als sie dem alten Herrn die Arme um den Hals schlang.

Mama machte mir ein Zeichen, wir standen leise auf und gingen zur Tür. Aber Herr Kalinic hielt uns zurück.

„Bleiben Sie, gnädige Frau, und Sie auch, Elaine! Es heißt doch ‚geteilte Freude ist doppelte Freude', teilen Sie die Freude mit uns, verdoppeln Sie unsere Freude!"

„Ja!" rief Miriam. „Niemand ist so gut zu mir gewesen wie ihr – es gibt keinen Menschen, mit dem ich lieber meine Freude teilen möchte!"

Sie umarmte Mama, sie umarmte mich, und ihr Onkel wischte ihr liebevoll die Tränen von den Wangen.

Was wir in der nächsen Stunde erfuhren, war so unfaßbar, so unglaublich – Mama mußte ein paarmal ihre Augen wischen, und ich bekam einen Kloß im Hals.

Ruhig, entspannt, mit Miriams Hand in der seinen, fing Herr Kalinic an zu erzählen.

Er war als junger Student nach Deutschland gekommen und hatte in Heidelberg Sprachen studiert. Während der Studienzeit – es war in den zwanziger Jahren – hatte er sich in eine junge deutsche Jüdin verliebt. Er heiratete sie und „blieb in Deutschland hängen", wie er sich ausdrückte. Er bekam eine Stellung als Lehrer an einem Gymnasium – Englisch und Französisch – und fuhr nur in den Ferien nach Hause, nach Bratislava, zu seinen Eltern und Geschwistern. Während eines Ferienbesuchs heiratete auch sein zwei Jahre jüngerer Bruder David, der gerade sein Medizinstudium beendet hatte.

An diesem Punkt der Erzählung nickte Miriam. „Ja. Mein Großvater war Arzt, Internist. Ich habe Muttis Geburtsurkunde gesehen, und darauf steht ‚Dr. med. David Kalinic.'"

Es war eine große, glückliche Familie in Bratislava. Es ging allen finanziell gut, die Familienmitglieder hatten einander gern, und die Schwiegertöchter wurden liebevoll in die Familiengemeinschaft aufgenommen.

Dann kam das Jahr 1933. Isaac Kalinic ahnte, was kommen würde. Er gehörte zu denen, die in diesem Jahr Deutschland verließen. Ein englischer Studienfreund von ihm, der die gleiche Vorahnung hatte, schrieb ihm, er könnte in England eine Anstellung als Auslandskorrespondent in einer bekannten Firma bekommen. So verließ er mit seiner Frau und einem inzwischen geborenen Sohn Deutschland. Er „sattelte um", wie er sagte, und konnte in England seine sehr guten Sprachkenntnisse als Korrespondent anwenden.

Er stand in ständigem Kontakt mit der Familie in Bratislava, er machte sich Sorgen um sie. So, wie sich die Politik in Deutschland entwickelte, mußte man das Schlimmste befürchten. Was inzwischen mit den deutschen Juden geschehen war, wußte er. Wie lange würde es dauern, bis sein Vaterland auch dem Deutschen Reich angegliedert wurde?

Die Familie aber blieb in Bratislava. Vielleicht ahnte sie nicht, was sie dabei riskierte. Es war schwer, Heim, Beruf und Vaterland zu verlassen und sich in die unsichere Fremde zu begeben. Und wo würde man sie aufnehmen? England hatte schon sehr viele Emigranten aufgenommen. Würde man noch mehr aufnehmen können?

Dann kam das Jahr 1939, das katastrophale Jahr. Die Tschechoslowakei wurde besetzt, und der Weltkrieg begann. Damit wurde die Verbindung zwischen Isaac Kalinic und seiner Familie unterbrochen.

Was er nach dem Krieg alles unternommen hatte, um zu erfahren, was mit seinen Eltern und Geschwistern passiert war, könnte ein Buch füllen. Wenn Millionen von Menschen verschwunden waren, war es ein Wunder, daß man ab und zu über Einzelpersonen Auskünfte bekommen konnte.

Endlich erfuhr er das, was er befürchtete: Seine ganze Familie – Eltern, Geschwister und alle Verwandten – hatten ihr Leben in den Gaskammern beendet.

„Ich erfuhr nie, daß mein Bruder David seine kleine Tochter weggeschickt hatte", erklärte Herr Kalinic. „Ich war fest davon überzeugt, daß auch sie gestorben sei."

„Wann hatten Sie . . .", fing Miriam an.

„Kind, du mußt ‚Du' zu mir sagen! Ich bin doch dein Onkel! Dein Onkel Isaac!"

„Onkel Isaac", wiederholte Miriam mit zitternder Stimme, und die Tränen traten ihr in die Augen. „Ich habe nie einen Menschen Onkel nennen können!"

„Jetzt kannst du es", sagte Herr Kalinic und legte seine alte Hand mit dem feinen, bläulichen Adernetz auf Miriams Hand. „Was wolltest du fragen, mein Kind?"

„Onkel Isaac", Miriam machte eine kleine Pause, „wann hattest du den letzten Brief von meinem Großvater?"

„Im Frühjahr 1939. Damals hatte er große Sorgen und bangte um die Zukunft."

„Da existieren aber drei Briefe von einem späteren Datum", erklärte Miriam. „Er schrieb sie an Muttis Pflegeeltern, und Mutti hat sie noch!"

„Kind, wir müssen zu deiner Mutter! Herrgott, soll ich die kleine Ruth wiedersehen! Sie war zwei Jahre damals – ein süßes kleines Ding."

Miriam nahm wieder das Fotoalbum, suchte eine bestimmte Seite und reichte es dem Onkel.

„So sieht Mutti jetzt aus – Onkel Isaac." Wieder hatte sie eine kleine Pause vor der ungewohnten Anrede gemacht.

Herr Kalinic sah sich das Bild aufmerksam an, strich sich über die Augen.

„Sie ähnelt ihrem Vater. Sie ähnelt ihm enorm – seine Stirn, seine Augen, und die geraden Augenbrauen ..." Er räusperte sich, und wieder zitterte der weiße Kinnbart.

Dann nahm er sich zusammen und wandte sich wieder an seine Großnichte.

„Miriam, mein Kind, paß mal auf. Nun packst du ein paar Sachen zusammen, Nachtzeug und so was. Und wir rufen Daniel an, er soll uns abholen – nein, ich fahre selbst nicht mehr Auto, ich bin mit der Bahn gekommen. Und du kommst mit nach Hause, heute abend triffst du zwei Tanten und einen Onkel. Ja, da gibt es noch einen Onkel, er lebt in Würzburg, es ist Daniels Vater. Daniel ist nur zu Besuch bei mir. Er sollte einen verspäteten Sommerurlaub bei mir verbringen, und dann hat der Kerl einen Ferienjob angenommen bei dieser Funk- und Fernseh-Firma; er ist Fernsehtechniker von Beruf. Also, er holt uns ab, und wir rufen deine Mutter an, das heißt, du rufst sie an und sagst, daß du sie morgen besuchst. Nur damit wir wissen, daß sie zu Hause ist. Darf ich ihr Telefon benutzen, gnädige Frau?" wandte er sich an Mama.

„Und ob!“ lächelte Mama. „Und ich werde nun sehen, daß ich ein halbwegs brauchbares Mittagessen auf die Beine stelle. Sie essen doch mit uns? Ihr Enkel braucht wohl etwa eine Stunde, um herzufahren?“

Mama ist einmalig

Es war Abend.

Marcus hatte sich mit Anton zurückgezogen, er war nach einem Tag, von anstrengendem Indianerspiel ausgefüllt, so müde, daß er beim Abendessen kaum die Augen aufhalten konnte. Nun saßen Mama und ich in unserem fernsehlosen Wohnzimmer und genossen die Stille und Ruhe nach einem so überaus ereignisreichen Tag.

Kurz nach dem Mittagessen war Daniel aufgekreuzt, strahlend und munter, hatte Miriam umarmt und sie mit „Cousinchen“ angeredet. Er hatte mit uns Kaffee getrunken, und dann hatten die drei sich aus dem Staub gemacht.

„Es ist mir alles so unbegreiflich, Mama“, sagte ich. „Wie ist es bloß möglich, daß man Familie hat, ohne es zu ahnen? Ich dachte, daß das Rote Kreuz wahre Wunder getan hat, wenn es sich darum handelte, verschollene Familienmitglieder aufzuspüren – und niemand wußte, daß Miriams Mutter in Schweden gelandet war . . .“

„Um das richtig zu verstehen, glaube ich, müßte man die schreckliche Zeit erlebt haben“, meinte Mama. „Ich habe sie ja auch nicht bewußt erlebt; wie du weißt, wurde ich in dem Jahr geboren, als der Krieg ausbrach. Aber deine Omi hat mir von diesen Jahren erzählt, und andere Menschen ihrer Generation. Du kannst dir nicht vorstellen, wie viele Menschen nach dem Krieg verzweifelt nach ihren Angehörigen suchten! Nach Kindern, die während der Flucht verschwunden waren, nach Söhnen und Ehemännern, die im Krieg gewesen waren und von deren Schicksal man nichts wußte – und dann die unzähligen Juden, die in Konzentrationslager gekommen waren.

Was das Rote Kreuz und andere Suchdienste geleistet haben, ist unwahrscheinlich! Dann muß man verstehen, daß auch hin und wieder etwas schiefgehen konnte. Was weiß ich, sind die entscheidenden Papiere durch Kriegsereignisse vernichtet worden, oder ist die Person, die die Sache mit der kleinen Ruth Kalinic behandelte, vielleicht ums Leben gekommen? Es gibt unzählige Möglichkeiten und Erklärungen."

„Was für ein Glück, daß unser Fernsehapparat streikte", sagte ich. „Sonst wäre der Daniel gar nicht hergekommen, und Miriam hätte ihre Familie womöglich gar nicht gefunden!"

„Und gerade für sie bedeutet es unendlich viel", sagte Mama nachdenklich.

Ich nickte.

„Ja, das hat Miriam mir auch gesagt. Und weißt du, nicht nur Miriam ist glücklich. Ihr lieber alter Großonkel war so gerührt, so unbeschreiblich glücklich, das hast du doch auch gesehen!"

„Ja, soweit ich überhaupt sehen konnte", sagte Mama mit einem kleinen Lächeln. „Du hast wohl nicht entdeckt, daß ich andauernd dasaß und die Tränen abwischen mußte?"

„Ich konnte es nicht sehen, weil ich dasselbe tat", gestand ich. „O Mama, ich finde alles so wunderbar – und wie ich es Miriam gönne!"

„Ja, ich auch. Ich bin so unsagbar froh für das arme Mädchen!"

„Und so reizend, wie Daniel sie begrüßte – gleich eine herzhafte Umarmung und gleich per du . . ."

Mama lächelte.

„Nun ja, Familiengefühl hin, Familiengefühl her – ich glaube kaum, daß es einen jungen Mann besonders viel Überwindung kostet, ein so hübsches Mädchen wie Miriam zu umarmen! Aber es stimmt, der junge Daniel ist wirklich sehr nett. Ich mochte ihn sofort leiden."

„Nur schade, daß er so weit weg wohnt . . .", fing ich an.

„Was heißt hier weit? Er wohnt doch in Würzburg, und ab Neujahr sind Miriam und ihre Mutter in Nürnberg! Du kennst doch wohl so viel von Deutschlands Geographie, um zu wissen, daß das nur ein

Katzensprung ist!"

„Ja, richtig!" rief ich. „Das hatte ich total vergessen! Du lieber Himmel, dann wird Miriams Mutter ihren Vetter in der Nachbarschaft haben, sozusagen! Und Miriam und Daniel können sich treffen, sooft sie wollen!"

Es entstand eine kleine Pause. Bisken hatte auf seinem persönlichen Sessel geschlafen. Nun wachte er auf, streckte sich, gähnte, sprang herunter vom Sessel und überlegte sich anscheinend, was er nun tun sollte. Er entschloß sich für meinen Schoß, machte einen zielbewußten Sprung, setzte sich bequem hin und holte mit seiner kleinen Pfote meine Hand, damit ich ihn kraulte.

„Kleines Bisken", sagte ich. „Kleines, liebes Bisken. – Es ist eigentlich merkwürdig, Mama. Als Barry starb, dachte ich, ich könnte nie einen Hund so liebgewinnen wie ihn. Aber dann kam Cora, und es war sehr, sehr schwer, sie zu verlieren. Und jetzt habe ich Bisken genauso lieb wie Cora, ja, ich glaube sogar, so lieb wie ich Barry hatte!"

Mama sah uns beide an und lächelte.

„Vielleicht spielt es für dich auch eine Rolle, daß Bisken ein Andenken an eine sehr schöne Zeit ist", meinte sie. „Ein Andenken an Feline – ich meine Cora – und an die Tage, die Ingo hier verbrachte."

Da fühlte ich, wie eine verräterische Röte in meine Wangen stieg, und ich begrub mein Gesicht in Biskens strubbeligem Fell.

Es dauerte etwas, bis Mama weitersprach.

„Du, Lillepus. Falls nun zum Beispiel Jessica hier gewesen wäre statt meiner, also – glaubst du nicht, daß du dann mit ihr gesprochen hättest? Ich meine, über das, was dich im Augenblick erfüllt?"

„Wie kommst du auf Jessica?" fragte ich.

„Weil Jessica deine Freundin ist, genau wie meine, und weil sie ein lieber, verständnisvoller Mensch ist. Und – ja, es ist eine allgemein bekannte Tatsache, daß ein junges Mädchen manchmal besser mit einer guten Freundin reden kann als mit der eigenen Mutter. Ich will nicht aufdringlich sein, Lillepus. Aber siehst du, ich habe das sichere Gefühl, daß du einen Menschen brauchst, mit dem du reden kannst.

Du hast etwas, was dich bedrückt, und ich weiß auch, was es ist. Glaubst du nicht, daß du für einen Augenblick vergessen könntest, daß ich deine Mutter bin? Kannst du mich, jedenfalls vorübergehend, nur als eine gute Freundin betrachten, einen Menschen, der eine gewisse Lebenserfahrung hat, und der dich so lieb hat, daß er dir wahnsinnig gern helfen möchte?"

Mamas Stimme war nüchtern und vernünftig, und doch spürte ich den Unterton von Liebe und unsagbarer Güte.

Es war schwer, die richtige Antwort zu finden. Und als ich endlich sprach, glaube ich, kam es ziemlich unsicher und stotternd: „Du hast recht, Mama. Ich weiß nicht, warum, aber es ist tatsächlich so, daß es manchmal schwer ist, mit der eigenen Mutter zu sprechen, wie lieb man sie auch hat. Ja, denn das habe ich, Mamachen! Ich habe dich unsagbar lieb!"

„Ich weiß es, Kind, und ich bin glücklich darüber. Aber versuch mal, für ein Weilchen mehr an die Freundschaft als an die Liebe zu denken. Ja, das wollte ich dir also sagen, und wenn du lieber deine Probleme für dich behalten möchtest, sollst du es tun. Ich verstehe dich hundertprozentig!"

Mama sprach so ruhig, so sanft, ohne ihre Arbeit zu unterbrechen; das leise Geräusch ihrer Stricknadeln war immer zu hören.

„Mama", sagte ich endlich. „Du sagst, daß du weißt, was mich bedrückt. Dann brauche ich ja nichts zu erzählen. Sag mir lieber, was *du* glaubst."

Jetzt ließ Mama die Strickarbeit doch sinken.

„Du denkst sehr viel an Ingo, nicht wahr?"

Wieder schoß eine heiße Welle in mein Gesicht.

„Ja, das stimmt."

„Und es war hart für dich, zu erfahren, daß er ein guter Freund von Miriam ist?"

Ich nickte.

„Und dann sah dein Problem so aus: Miriam hat furchtbar viel durchgemacht. Sie brauchte dringend Hilfe. Daß sie Ingo kennenlernte, war ein wahrer Segen für sie. Ich selbst – hast du gedacht – habe so viel Schönes im Leben. Ich habe mein Haus, meine Eltern, meinen Bruder, die Tiere. Ich darf keinen Finger krumm machen, um Miriam ihren Freund wegzunehmen."

„Ja, Mama. Genau so war es."

„Und heute, an diesem denkwürdigen Tag, kam ein neues Gefühl dazu: Miriam ist nicht mehr allein. Sie hat Familie; sie hat das, was sie am dringendsten brauchte, das, was sie mehr als alles andere vermißt hat. Ob sie jetzt nach wie vor Ingo brauchen wird? Wird sie nicht von ihrer Familie alle Hilfe bekommen – und wäre es nicht möglich, daß sie sich in den netten Daniel verlieben würde?"

„Mama, du faßt jetzt alles in Worte, was ich nur gedacht habe. Du drückst das aus, was mir selbst noch nicht so ganz bewußt war!"

„Siehst du, Kind, das einzige, das du vorläufig tun kannst, ist abzuwarten. Ingo ist im Ausland, du kannst ihn nicht sprechen. Miriam auch nicht. Vielleicht ist es gut so. Die Situation muß sich zuerst etwas klären. Ja, und was Ingo betrifft, da habe ich eine Theorie. Die würde dich vielleicht interessieren?"

„Und ob, Mama! Und ob!"

„Als du den Brief von Ingo bekamst, hast du mir erzählt, daß er ein persönliches Problem erwähnt hatte, so war es doch!"

„Ja, so war es. Aber er hat gar nicht gesagt, worum es sich handelte."

„Und wenn nun Miriam das Problem gewesen ist? Wenn sein Problem ungefähr so aussähe: Die arme Miriam braucht mich, der Himmel weiß, ob sie zurück in diese gräßliche Sekte gehen würde, falls ich sie jetzt im Stich ließe. Ich habe es auf mich genommen, ihr zu helfen, und ich darf nicht auf halbem Wege stehenbleiben. Nach einiger Zeit muß ich ihr beibringen, daß sie sich von mir unabhängig machen soll. Und erst, wenn das geschehen ist, wenn ich reinen Tisch gemacht habe, kann ich mich an ein anderes Mädchen binden, in Freundschaft oder Liebe."

„Ein anderes Mädchen . . .", wiederholte ich.

„Ich sagte nicht, daß es so sein *muß*", erklärte Mama. „Ich betrachte es nur als eine Möglichkeit."

„Mama, hat Miriam dir denn auch erzählt, wie sie Ingo kennenlernte?"

„Ja. Sie erzählte es eines Vormittags beim Wäschelegen! Nachher dachte ich sehr über die Sache nach. Miriam hat ihn doch, nachdem er bei uns war, nur ein einziges Mal getroffen, und dann war er in großer Eile. Ich frage mich nur: Wenn es seinerseits mehr als eine nette Freundschaft gewesen wäre, mehr als der Wunsch, einem unglücklichen Menschen zu helfen, hätte er sich dann nicht trotz allem die Zeit genommen, ihr von seinen Erlebnissen hier zu erzählen, ein bißchen ausführlich mit ihr zu reden? Verstand er, daß es noch zu früh sein würde, ihr reinen Wein einzuschenken? Daß sie ihn noch eine Zeitlang als ihren festen Punkt brauchte?"

„Mama", sagte ich leise. „Meinst du, daß *ich* der reine Wein sein könnte?"

Mama lächelte.

„Ich halte es nicht für ganz unmöglich."

„Aber wie kommst du denn darauf?"

„Ich habe Augen im Kopf", antwortete meine kluge Mutter.

Ich hatte viel, sehr viel zu denken bekommen.

Oh, wie war ich froh, daß ich mit Mama gesprochen hatte! Ich Schaf, warum hatte ich nicht eher begriffen, daß Mama meine allerbeste Freundin ist? Es wurde mir klar, was für eine phantastische Hilfe eine gute Mutter ihrer Tochter geben kann. Sie hat die Liebe der Mutter, die Freundschaft und das Interesse einer guten Freundin, und die Lebenserfahrung eines reifen Menschen.

Und jetzt brauchte ich sowohl die Liebe als auch das Interesse und die Lebenserfahrung!

„Warten", hatte Mama gesagt.

Gut. Ich wartete darauf, wie alles sich entwickeln würde!

*

Miriam kam zurück. Eine neue Miriam. Ein strahlend glückliches Mädchen mit blanken Augen, mit einer neuen Haltung, einem neuen Gesichtsausdruck. Es war Daniel, der sie zurückbrachte und uns erzählte, daß wir uns mit dem Gedanken vertraut machen müßten, daß Miriam uns bald verlassen würde.

„Unsere ganze Familie erregt sich darüber, daß wir ganze achtzehn Jahre nicht geahnt haben, daß wir eine so entzückende Cousine haben!“ sagte Daniel. „Gar nicht davon zu reden, wie meine Eltern und Onkel und Tanten – und vor allem Opa, sich blau und grün ärgern, weil sie Tante Ruth nicht gekannt haben! Jetzt wollen wir alles nachholen! Tante Ruth und Miriam werden ja ganz in unserer Nähe wohnen, das ist prima! Aber bis dahin verlangt Opa ganz einfach, daß Miriam zu ihm kommt. Er hat natürlich recht, wenn er sagt: ‚Ich bin alt, ich muß meine letzten Jahre ausnutzen, ich will meine Familie um mich haben!‘ Nun ja, was Opa will, das setzt er durch. Übrigens, dieses starke Familiengefühl haben wir alle. Ob es daran liegt, daß man in schweren Zeiten lernt, zusammenzuhalten, weiß ich nicht.“

„Etwas ist mir unklar“, sagte Mama. „Wenn ich also fragen darf . . .“

„Soviel Sie wollen! Ich weiß, wie sehr Miriam Sie schätzt, und daß sie volles Vertrauen zu Ihnen hat, und sie freut sich – wir alle freuen uns – daß Sie so viel Interesse an ihrem Schicksal haben!“

Während dieses Gesprächs war Miriam in der Küche. Sie hatte darauf bestanden, den Kaffee zu machen und einen schönen Kuchen anzurichten, den ihre Tante ihr mitgegeben hatte.

„Ja, es geht mich eigentlich nichts an“, sagte Mama. „Ich bin also kurz und gut neugierig. Wie kam es, daß Ihre ganze Familie zurück nach Deutschland kam und nicht in die Tschechoslowakei?“

„Oh, das ist ganz einfach. Meine Großmutter war Deutsche, und sie sehnte sich immer zurück nach ihrem Vaterland. Bei meinen Großeltern wurde Deutsch gesprochen, auch von den Kindern, also von meinem Vater und seinen Geschwistern. Ja, dann ergab sich in den fünfziger Jahren eine Gelegenheit für Opa, sich in Deutschland eine neue Existenz aufzubauen, und er machte sich mit Kind und Kegel, daß heißt mit seiner Frau und fünf Kindern, auf den Weg. Er hat übrigens auch die deutsche Staatsangehörigkeit erworben. Nur sein ältestes Kind, mein Vater, machte sich selbständig. Er hatte eine gute Stellung in London, und erst als er ein Angebot aus Würzburg bekam, folgte er nach. Meine Mutter war auch mit ihren Eltern aus Deutschland geflüchtet – sie war damals ein Kleinkind –, meine Eltern hatten sich in England kennengelernt, und ich wurde da geboren. Aber seit meinem dritten Lebensjahr bin ich Deutscher!"

„Es ist ja phantastisch, daß Ihr Großvater es geschafft hat, seine ganze Familie um sich zu scharen!" meinte Mama.

„Ich sagte es ja: Was Opa will, das setzt er durch! Er ist unbedingt das Oberhaupt der Familie; wir nennen ihn spaßeshalber ‚den Patriarchen'. Übrigens, wir hängen alle sehr an ihm. Meine Großmutter starb vor drei Jahren. Nach ihrem Tod ist Opa noch mehr von der Nähe seiner Kinder und Enkelkinder abhängig. Er ist ein großartiger Mensch, und wir alle lieben ihn sehr!"

„Und das beruht auf Gegenseitigkeit", sagte Mama. „So viel habe ich verstanden!"

Jetzt erschien Miriam mit der Kaffeekanne und einem Prachtstück von einer Torte.

„Ja, meine Familie konnte mir gar nicht genug Liebes antun!" lächelte Miriam. „Mutti hat versprechen müssen, jedes Wochenende zu Opa zu fahren, das heißt, sie wird von einem ihrer Vettern abgeholt. Eine leibliche Nichte und eine Großnichte zu haben, ist für ihn etwas ganz Neues!"

„Ich hätte gern Mäuschen sein wollen, als du mit deinem Onkel und Daniel plötzlich vor der Tür standest", sagte ich.

Miriam lächelte, und ihre Augen glänzten.

„Es war wie ein Märchen", sagte sie. „Als Mutti endlich begriff, daß es ein Bruder ihres Vaters war, der da stand – nun ja, ist es da zu verwundern, daß ihr die Tränen kamen? Oh, was hatten wir gestern für einen Tag! Mutti holte die alten Briefe ihres Vaters heraus, das heißt die Fotokopien, die Originale liegen im Banksafe. Als Onkel Isaac die

Handschrift seines Bruders sah, konnte er sich kaum beherrschen, und als er die herzzerreißenden Briefe gelesen hatte, war es mit seiner Fassung vorbei. Stundenlang hat er mit Mutti gesprochen, und Mutti hat die wenigen, unklaren Erinnerungen aus ihrer frühen Kindheit erzählt. Sie ahnte nichts von der Familie, sie erinnerte sich nur dunkel an ihre Eltern und die weite Reise von Bratislava nach Stockholm. Ja, und an ein paar Dinge aus der Wohnung erinnerte sie sich noch. Nun ja, die beiden sprachen und sprachen, und inzwischen machten Daniel und ich einen Spaziergang."

„Und Miriam erzählte mir ihren ganzen Leidensweg, und von ihrer eigenen Dämlichkeit; unglaublich, daß ich eine so doofe Cousine habe . . ."

„Nur zweiten Grades!" erinnerte ihn Miriam.

„Gott sei Dank! Ja, und als wir fünfmal durch den Park und siebenmal um das Holstentor gewandert waren, standen Miriams Zukunftspläne fest – entworfen von ihrem Vetter, der zum Glück ein bißchen vom Familiengrips geerbt hat!"

„Aber vielleicht nicht die Familienbescheidenheit?" kam es von Miriam.

„Nur wenn sie angebracht ist! Also, Miriam kommt zuerst zu meinem Opa und läßt sich nach Strich und Faden verwöhnen. Zu Neujahr zieht sie mit Tante Ruth nach Nürnberg, und da soll sie schön wieder die Schulbank drücken und mit etwas Verspätung ihr Abitur machen!"

„Und das hast du dir alles ausgedacht?" fragte ich, und war mir gar nicht bewußt, daß ich Daniel duzte. Er später wurde es mir klar. Aber Daniel fand es anscheinend in Ordnung.

„Klar habe ich das. Und ich werde öfter den Katzensprung von Würzburg nach Nürnberg machen, um dort nach dem Rechten zu sehen und mir das Zeugnisheft vorzeigen zu lassen!"

Miriam lachte. Ein glückliches Lachen, ein neues Lachen. Da war eine Freude über diesen leichten, neckischen, unbeschwerten Ton, über die Vertraulichkeit.

Miriam hatte jetzt einen festen Punkt im Leben.

Daniel mußte aufbrechen. „Sonst denkt der gute Opa, daß ich sowohl sein Auto als auch seine Nichte und mich selbst zu Mus gefahren habe“, erklärte er.

In diesem Augenblick erschien mein immer unternehmungslustiger Bruder in einem Zustand, der Mama dazu zwang, ihn sofort ins Badezimmer zu führen. Vom Flur aus rief er Daniel zu: „Wann kriegen wir unseren Fernseher zurück!“

Daniel schlug sich auf die Stirn.

„Himmel! Den Fernseher habe ich total vergessen! Aber ich bringe ihn morgen, und dann kann ich gleichzeitig dich abholen, Miriam!“

„Schon morgen? Dann muß ich schleunigst packen! Ach, weißt du, Daniel, du könntest eigentlich gleich ein paar schwere Sachen mitnehmen, den Wintermantel und die hohen Stiefel vielleicht?“

„Zu Befehl! Hol die Klamotten!“

„Es dauert nur eine Minute!“ rief Miriam und lief schon die Treppe hoch.

Daniel sah ihr nach, dann wandte er sich zu mir.

„Habe ich nicht eine hübsche Cousine?“

„Unbedingt“, stimmte ich zu. „Aber vergiß nicht, nur zweiten Grades!“

„Das vergesse ich bestimmt nicht! Wir hatten gemeinsame Urgroßeltern, aber von da ab trennten sich die Familienzweige, und jetzt sind wir weit genug voneinander entfernt!“

„Genug – wofür?“ fragte ich.

Ich bekam keine Antwort. Das war aber auch nicht nötig.

Schon kam Miriam die Treppe herunter mit ihrem Mantel und den Stiefeln, und dann brachte sie Daniel zum Auto.

Ich schreibe einen Brief

An diesem Abend half ich Miriam beim Packen. Sie brauchte Zeit dazu, denn Miriam ist, wie ich schon erzählt habe, ganz unheimlich ordentlich und genau.

„Es ist so schön, dich anzusehen, Miriam“, sagte ich. „Du siehst so unsagbar glücklich aus!“

„Ich bin auch unsagbar glücklich, Elaine“, erwiderte Miriam. „Es ist mir, als habe ich jetzt festen Fuß gefaßt, mein Leben hat einen Sinn bekommen. Eine vernünftig geplante Zukunft, eine große und liebe Familie, eine Mutter, die auch glücklich ist . . .“

„. . . und Daniel“, ergänzte ich.

Eine feine Röte stieg in Miriams Wangen.

„Ja, Daniel“, wiederholte sie, und dann schwieg sie.

Ich wartete einen Augenblick, dann wagte ich zu fragen: „Und was ist mit Ingo?“

„Ihm werde ich schreiben. Weißt du, ich denke mit großer Dankbarkeit an ihn. Du großer Gott, wenn ich ihn damals nicht getroffen hätte – wenn er mir nicht so phantastisch geholfen hätte . . . Ach, wenn ich bloß seine Adresse wüßte, ich möchte ihm so gern danken, richtig danken, jetzt, wo ich die schreckliche Zeit hinter mir habe, jetzt, wo ich so glücklich bin! Oh, er wird sich bestimmt freuen, wenn er hört, wie gut es mir geht!“

„Schreib doch an seine Lübecker Adresse“, schlug ich vor. „Seine Mutter wird den Brief schon weiterleiten, sie wird wohl eine Adresse haben.“

„Ja, du hast recht, das werde ich tun.“

„Ich dachte . . .“, fing ich an, aber ich kam nicht weiter.

„Was dachtest du?“

„Nun ja – daß du in Ingo verliebst warst!“

„Eine Zeit dachte ich es auch selbst. Aber jetzt sehe ich klarer. Das war keine Verliebtheit, es war eine unbeschreiblich große Dankbarkeit – und dann das Gefühl, daß ich in ihm den notwendigen Strohhalm hatte, an den ich mich klammern konnte, als ich seelisch am Ertrinken war. Nein, Verliebtheit – das ist etwas anderes – ganz etwas anderes!"

„Etwas, daß du vielleicht jetzt erlebt hast?" wagte ich zu fragen.

„Du kannst denken und glauben, was du willst", erwiderte Miriam mit einem kleinen Lächeln.

Am folgenden Tag bekamen wir Post, Miriam und ich. Jede eine Karte. Miriams Karte war aus Lübeck umadressiert, meine aus Frankfurt. Mein Herz machte einen Purzelbaum, als ich die Handschrift erkannte. Ob Miriams Herz sich ruhig verhielt, weiß ich nicht, aber ich glaube schon.

„Liebe Elaine! Vor ein paar Wochen hatte ich zum erstenmal auf meiner Reise eine Stunde Ruhe, und die benutzte ich zum Briefeschreiben. Nun erfahre ich per Telefon, daß der Brief von damals an meine Mutter überhaupt nicht angekommen ist, und mein Professor (von dem erzähle ich später) hat dasselbe mit seiner Post erlebt. Also hast Du wahrscheinlich meinen Brief nicht bekommen. Deshalb nur diesen schnellen Gruß, um zu sagen, daß ich viel an Dich und Euch alle denke, und daß ich von mir hören lasse, sobald es möglich ist. Es geht mir sehr gut, und ich erlebe jeden Tag Neues und Interessantes. Herzliche Grüße an Deine Eltern, Marcus, Anton und vor allem Bisken! Dein Freund Ingo."

Miriam zeigte mir ihre Karte. Der Wortlaut war genau derselbe, nur daß er hinzugefügt hatte, er hatte seine Post in einem komischen kleinen Hotel irgendwo in Italien aufgegeben, eine Serviererin hatte ihm versprochen, Briefmarken zu kaufen und seine Briefe einzustecken.

Na, was mit der Post und dem Portogeld geschehen war, würde er wohl nie erfahren!

Ich studierte den Poststempel. Nanu – Kairo? Was in aller Welt machte er da? Und wer war „sein Professor"? Und warum hatte er die

Karte nach Frankfurt geschickt – ach ja, richtig, er war ja schon fort, als alles mit der Wohnung und dem Umzug passierte! Er wußte gar nicht, daß wir in Rosenbüttel geblieben waren!

Wie gern würde ich ihm schreiben! Ich müßte nur das tun, was ich Miriam vorgeschlagen hatte: den Brief an seine Mutter zum Weiterleiten schicken!

Am frühen Nachmittag kam Daniel, brachte den Fernseher und holte Miriam ab. Es war kein allzu rührender Abschied, wir wußten ja, daß wir uns oft sehen würden. Und Daniel erzählte uns, daß sein Opa demnächst anrufen und einen Tag verabreden wollte, an dem wir – die ganze Familie, Bisken inklusive, Miriam und ihre Familie besuchen könnten.

Vorerst überreichte Daniel Mama eine Pralinenschachtel von überirdischen Dimensionen! Da Mama sehr auf ihre Linie achtet, sah ich den nächsten Tagen mit Optimismus entgegen!

„Fernsehen hin, Fernsehen her", sagte Mama. „Ich *muß* grand-mère heute schreiben, und ich muß unbedingt endlich meiner armen Mutter das Rezept von Quarkkeulchen abschreiben, ich vergesse es jedesmal!"

„Gibt es denn Quark in Norwegen?" fragte ich. „Omi sagte doch . . ."

„Neuerdings gibt es ihn", erklärte Mama. „Deswegen muß ich ja das Rezept schicken. Übrigens schreibt man es in Norwegen *kvark.*"

„Mensch, eine solche Muttersprache habt ihr!" rief ich. „Also kümmere dich um deinen *kvark* und grüße Omi und grand-mère – und dann ziehe ich mich auch zum Briefschreiben zurück!"

„Aber du hast ja seine Adresse nicht", sagte Mama. „Oder schickst du es vielleicht nach Lübeck?"

„Mama", rief ich. „Wenn du eines Tages deine Schneiderei und das Wirtschaften satt hast, kannst du bestimmt gut und reichlich verdienen als Gedankenleserin!"

Worauf ich aus Papas Schreibtisch Luftpostpapier und Briefmarken klaute und mich in mein Zimmer zurückzog.

Mit Bisken auf den Fersen, selbstverständlich!

„Lieber Ingo!

Vielen Dank für Deine Karte. Es war sehr nett, einen Gruß von Dir zu kriegen! Ja, Du hast ganz recht, den Brief habe ich nie bekommen. Hoffentlich wirst Du noch einmal die Zeit finden, mir ein bißchen ausführlicher zu schreiben und unter anderem erzählen, wer in aller Welt ‚Dein Professor' ist?

Nun werde ich jedenfalls ausführlich schreiben, denn ich habe eine ganze Menge zu erzählen. Es ist so viel, daß ich ganz klein und eng schreiben muß, sonst wird das Porto all mein Taschengeld schlucken!"

Hier machte ich eine Pause. Womit sollte ich nun anfangen? Ach ja, natürlich: Warum wir hiergeblieben und nicht zurück nach Frankfurt gefahren waren. Und daß ich in Braunschweig zur Schule ging!

Das alles ging glatt und schnell, und zwei ganze Seiten wurden voll.

Dann war wieder Pause. Noch einmal mußte ich mir den richtigen Anfang ausdenken. Na, nichts wie los, mit einem Kopfsprung!

„Und nun, paß mal auf: Kurz nachdem wir uns hier fürs Dauerwohnen eingerichtet hatten, bekamen wir ein neues Familienmitglied. Eine ganz reizende, achtzehnjährige Haustochter – aus Lübeck! Wie es kam, daß sie bei uns landete, erzähle ich gelegentlich – hoffentlich werde ich es mündlich tun können! Also, sie ist bildhübsch, lieb und intelligent. Sie ist Jüdin, beinahe ihre ganze Familie ist ausgerottet worden, sie war furchtbar einsam und hatte in Lübeck so viel Schweres durchgemacht, daß es ratsam war, für ein paar Monate fortzuziehen.

Nun, ahnst Du was? Ja, es stimmt: Ich spreche von Miriam. Von Deinem Schützling Miriam, die so voll Dankbarkeit Dir gegenüber ist. Sie behauptet, Du hast sozusagen ihr Leben gerettet!

Heute hat sie uns verlassen. Und warum – ja, hol mal tief Luft, jetzt kommt ein ganzer Roman, so unwahrscheinlich, wie nur die Wirklichkeit sein kann!"

Der Bogen war voll. Ich mußte bestimmt noch mehr Briefmarken klauen! Aber jetzt, da ich so gut im Fluß war, wollte ich alles erzählen.

Das tat ich auch, und noch ein Bogen von Papas Luftpostpapier wurde gefüllt.

Endlich rief Mama mich zum Abendbrot.

Nachher las ich alles noch einmal durch. Ja, es war gut so. Es fehlte nur noch der Schluß.

„Ja, da hast Du die ganze Geschichte. Ist sie nicht unfaßbar? Wir alle freuen uns so sehr für Miriam, und das letzte, was sie mir sagte, bevor sie mit ihrem Daniel wegfuhr, waren die Worte: ‚Ich bin ja so glücklich!'

Und wenn ich daran denke, was aus ihr geworden wäre, falls sie Dich nicht kennengelernt hätte!

Bist Du nicht froh, daß Du einem Menschen im Grunde das Leben gerettet hast?

Und jetzt muß ich wirklich Schluß machen. Wann wirst Du wohl zurück nach Deutschland kommen? Wir alle hoffen sehr, daß Du uns besuchst! Meine Eltern, Marcus, Anton, Bisken – den Du kaum wiedererkennen wirst, er ist groß und frech, verwöhnt und allerliebst und die Hauptperson des Hauses – und am meisten freut sich dann vielleicht

Elaine"

Ich las den Brief genau durch, versiegelte ihn, und schrieb nur Ingos Namen darauf. Dann holte ich einen Bogen von meinem feinen Briefpapier und schrieb mit Schönschrift:

„Sehr geehrte Frau Moorhof!

Ich habe einen netten Kartengruß von Ingo und wollte ihm so gern ein bißchen von uns und natürlich von Bisken erzählen, aber ich habe seine Adresse nicht. Falls Sie sie haben, dürfte ich Sie dann bitten, sie auf den beigefügten Brief zu schreiben und ihn einzustecken? Ich habe den Brief abgewogen und richtig frankiert. Ich danke Ihnen im voraus herzlich für Ihre Mühe.

Grüßen Sie bitte die liebe Cora. Wir denken oft an sie, sie ist ein so niedliches Hündchen. Ihr Sohn wächst und gedeiht, er sieht urkomisch aus, und wir lieben ihn alle sehr.

Mit den besten Grüßen,

Ihre Elaine Grather"

Papa braucht ein Scriptgirl

Als ich am folgenden Tag aus der Schule kam, stand Papas Wagen vor der Tür. Er war vormittags angekommen und hatte schon die ganze Geschichte über Miriam und ihre Familie von Mama gehört.

„Es ist ja unfaßbar!" sagte er. „Ich freue mich sehr für das nette Mädchen. Na, darüber sprechen wir später, jetzt habe ich andere Dinge im Kopf. Wie ist es, Elaine, fangen die Herbstferien nicht dieses Wochenende an?"

„Und ob sie anfangen!" sagte ich. „Ich werde in den Ferien reiten, und ich werde meine Werkstatt in Ordnung bringen, und ich werde . . ."

„Gar nichts von alledem wirst du! Du wirst für deinen armen, geplagten Vater arbeiten. Ja, ich brauche ein Scriptgirl. Du mußt am Samstag mit nach Kreta fliegen!"

„Was muß ich?"

„Nach Kreta fliegen, sagte ich! Ich muß eine Arbeit für einen Kollegen übernehmen, der Kerl hat sich einen Arm gebrochen. Und die Flugkarten sind bestellt, Hotelzimmer auch, und Sondergenehmigungen fürs Filmen in Museen und anderen heiligen Stätten sind da – also, wir müssen los!"

„Ja, aber kannst du denn nicht sein Scriptgirl übernehmen?"

„I wo, das Scriptgirl ist seine Schwester, und sie muß sich jetzt um das arme Brüderchen kümmern. Also, Elaine, kommst du mit?"

„Das ist doch klar! Es ist einfach Klasse, Papa! Aber ich habe ja nur eine Woche Ferien! Wirst du so schnell fertig werden?"

„Ich hoffe! Es hängt vom Wetter ab. Wenn nicht, stopfe ich dich in ein Flugzeug und bleibe selbst noch ein paar Tage ohne Scriptgirl. Also, Koffer packen, und Samstag morgen fährt Mama uns beide nach Hannover. Wir fliegen los, mit Umsteigen in Frankfurt, und sind am gleichen Nachmittag in Athen, von dort geht es dann weiter nach Heraklion", Papa guckte in sein Notizbuch, „dann per Bus nach – nach – was steht denn da – ach ja, Hersonnisos heißt das Dorf – von dort aus zu den Ausgrabungen in Knossos und – und . . ."

„Papa, diese Namen behalte ich doch nicht! Hauptsache ist, daß du es weißt. Was soll ich einpacken außer Zahnbürste und Schlafanzug?"

„Jeans und Sommerkleider! Auf Kreta können wir mit 25 Grad Wärme rechnen, vielleicht noch mehr!" sagte mein allwissender Vater.

Drei Tage später saß ich neben Papa im Flugzeug. Endlich waren wir zur Ruhe gekommen! Zwischen Hannover und Frankfurt konnte ich endlich in allen Einzelheiten von Miriam und ihrem Glück erzählen.

„Und das alles mußte ausgerechnet passieren, während ich fort war!" sagte Papa. „Wie gern hätte ich den alten Herrn getroffen!"

„Dazu wirst du reichlich Gelegenheit kriegen", versicherte ich. „Die ganze Familie möchte uns kennenlernen, alle, von dir bis zu Bisken!"

„Die arme Familie, wenn sie ahnte, was ihrer harret!" seufzte Papa. „Na, im Ernst, Elainchen, ich kann dir gar nicht sagen, wie ich mich für Miriam und ihre Mutter freue!"

„Und der Himmel weiß, was mit Miriam und Daniel wird", philosophierte ich.

Papa lachte.

„Nach allem, was du erzählt hast, nehme ich an, daß du es selbst ausrechnen kannst, ohne den Himmel zu fragen", sagte er, bekam die Enden des Gurtes zu fassen und schnallte sich an. Ich tat dasselbe, und einige Minuten später landeten wir in Frankfurt.

Wir hatten eine Stunde Wartezeit. Ich schrieb schnell zwei Ansichtskarten – an Mama und Miriam –, dann wanderten wir durch die Sperre und zum zollfreien Laden. Dort kaufte ich eine Dose von Mamas Lieblings-Hautcreme; Papa ging seinen persönlichen Interessen in der Tabakecke und in den Alkoholregalen nach und erinnerte mich im letzten Augenblick daran, daß ich ein Sonnenschutzmittel brauchen würde.

Papa trinkt sehr wenig und raucht noch weniger. Aber dank seinen Flugreisen haben wir immer etwas im Keller und im Tabakschrank, alles in den verschiedensten Flughäfen eingekauft.

Dann saßen wir im zweiten Flugzeug des Tages. Bevor wir am Ziel waren, würden wir noch ein weiteres besteigen.

Jetzt nutzte Papa die Zeit aus, um mir zu erklären, worauf ich aufpassen mußte, und was ich vor allem zu notieren hatte. Er schob mir einen Katalog vom Museum in Heraklion in die Hand, machte hier und da Striche und Häkchen. Ich blätterte den Katalog durch, studierte die Bilder, und plötzlich entdeckte ich eine sozusagen alte Bekannte.

„Guck doch, Papa! Das Bild habe ich einmal in einer Zeitschrift gesehen! Die schöne Vase mit dem Schlangenmuster – erinnerst du dich? Ich versuchte doch, sie zu kopieren, in Miniaturausgabe!"

„Ja, richtig, sie kommt mir bekannt vor. Wo ist denn deine Minivase geblieben? Ich habe sie lange nicht mehr gesehen!"

„Ich habe sie Ingo geschenkt – zum Abschied!"

„Aha, so ist es", sagte Papa. Ich hatte das Gefühl, daß er mir einen kleinen, schnellen Seitenblick zuwarf. Dann sprach er weiter über seine verschiedenen Aufgaben in Kreta.

„Aber eins sage ich dir, Papa", sagte ich energisch. „Ich werde dir fleißig helfen, ich werde dir all deine verflixten Objektive und Filter und Filmrollen zureichen und alle Notizen machen – aber für zweierlei mußt du mir Zeit geben: Ich möchte einmal auf einem Esel reiten, und ich möchte im Ägäischen Meer schwimmen!"

„Einverstanden", sagte Papa. „Jedenfalls was den Esel betrifft. Aber ich glaube, daß ein Schwimmbecken zu empfehlen wäre, ich meine, statt des Ägäischen Meeres."

„Warum denn?"

„Hast du jemals das Wort Umweltverschmutzung gehört?"

„Ja, weißt du, das habe ich tatsächlich! Meinst du, daß das Ägäische Meer verschmutzt ist?"

„Ich habe den Verdacht! Nun ja, wir wollen uns erkundigen, wenn wir da sind. Jedenfalls werde ich dir Zeit genug bewilligen, um ein paar Schwimmtouren zu unternehmen. Und ich schwimme mit!"

Ich bin schon in zahlreichen Flughäfen gewesen, aber so ein Durcheinander wie in Athen habe ich noch nie erlebt! Und dann all die Schilder mit den gräßlichen Buchstaben, die kein Mensch verstehen kann! Allerdings stand gewöhnlich der Text auf Englisch da – was nicht meine starke Seite ist – aber ich entdeckte schnell, daß diese Texte nicht ernst zu nehmen waren. Bei der Paßkontrolle mit getrennten Eingängen für Einheimische und Ausländer waren Griechen in der Ausländerschlange und ausländische Touristen vor dem Einheimischen-Schild. Und die Gepäckausgabe!!! Daß unser Gepäck in der anscheinend unbekannten Stadt Hannover aufgegeben war, gab einem Griechen hinter dem Schalter beinahe unlösbare Probleme auf. Er erkundigte sich in maximaler Lautstärke bei einem Kollegen, dieser gab die Frage noch lauter weiter – es war ein Geschrei und ein Fuchteln mit den Armen, das einen reisemüden Ausländer wahnsinnig machen konnte!

Und warum wir unser Gepäck hier in Empfang nehmen mußten, obwohl es direkt nach Heraklion aufgegeben war, verstehe ich bis heute noch nicht.

Endlich hatten wir alle Kontrollen hinter uns und bekamen so nebenbei zu wissen, daß unser Flugzeug nach Heraklion mit einer Stunde Verspätung starten würde.

Es war schon dunkel, als wir endlich in Heraklion ankamen, und nach vielem Hin und Her endlich unser Gepäck bekamen. Es war hier nicht ganz so laut wie in Athen – wahrscheinlich weil es so spät am Tage war, so daß die Leute keine Stimme mehr hatten!

Eine Stunde später waren wir in unserem Hotel in der Nähe von Hersonnisos. Ich holte nur Schlafanzug und Zahnbürste aus dem Koffer, begnügte mich mit einem Minimum an Waschen – wie gut, daß Mama das nicht sah! – und sank ins Bett. Es war mir gerade noch bewußt, daß es die Wellen des Ägäischen Meeres waren, die ich durch das offene Fenster hörte. Einen Augenblick empfand ich dabei ein süßes Sensationskribbeln, aber dann verschwand alles, und ich sank in einen tiefen, gesegneten Schlaf!

Am folgenden Morgen wanderten wir bei herrlichem, sonnigen Wetter zu einem Autoverleih, und Papa mietete für eine Woche einen Wagen.

„Wo fahren wir heute hin, Papa?" wollte ich wissen.

„Wir haben keine Wahl. Wir sind angemeldet im Museum in Heraklion; sowie es für Besucher geschlossen wird, dürfen wir rein. Aber es ist ja erst zehn Uhr, mit anderen Worten, wir können mit dem Markt in Heraklion starten, der soll unbedingt sehenswert sein."

Papa war anscheinend gut informiert. Der Markt war eine herrlich bunte Angelegenheit! Hier wurde alles angeboten: Plastikschüsseln und lebendige Enten, Bonbons und Topfblumen. Und dann natürlich Obst, Obst in unwahrscheinlichen Mengen!

Wir machten eine kleine „Orientierungswanderung". Vorläufig lagen die Filmsachen im Auto, für das wir, o Wunder über Wunder, einen Parkplatz gefunden hatten!

Es wimmelte von Menschen: Hausfrauen mit Netzen und Einkaufstaschen und Touristen mit Sprachführern und Fotoapparaten. Es war so voll wie auf einem Jahrmarkt in Deutschland! Hier mußte man aufpassen, damit man seinen Begleiter nicht verlor! Da hatte ich es nun leicht, denn mein Vater ist wie gesagt von Riesenformat. Ich brauchte immer nur nach dem Kopf Ausschau zu halten, der alle anderen überragte.

Ich blieb vor einem Verkaufstisch mit Dingen stehen, die meine kunstverständige Mutter „scheußlichen Kitsch" genannt hätte. So viele Farben und so viel Gold und Silber hatte ich noch nie auf einem so kleinen Raum gesehen. Da hing ein Teller, den Rand verschwenderisch mit Gold und bunten Blumen bemalt, in die Mitte hatte der Künstler einen Hundekopf gemalt, einen Hundekopf mit einem breiten, goldenen Halsband. Ein furchtbares Ding – aber man hätte glauben können, daß Bisken Modell gestanden hätte! Es war genau Biskens urkomisches Gesicht mit der flachgedrückten Nase.

„Papa!" rief ich – ja, ich mußte rufen, denn Papa stand ein paar Meter von mir entfernt –, „Papa, guck hier, der ist ja Bisken wie aus dem Gesicht geschnitten!

Da entstand plötzlich Bewegung in einer Gruppe Touristen hinter mir. Ich drehte den Kopf und sah, wie ein Mann sich mit energischen Ellenbogen einen Weg bahnte. Im nächsten Augenblick hatte ich seine Hände auf meinen Schultern, und eine Stimme, die ich nur zu gut kannte, rief: „Elaine! Elainchen! Menschenskind, träume ich? Woher kommst du denn – gerade heute früh habe ich Deinen Brief bekommen, wenn du wüßtest, wie froh ich bin . . ."

„Ingo! Wie in aller Welt – du bist doch in Ägypten . . ."

„Bin ich? Ich werde dir beweisen, daß ich hier bin, hier in deiner unmittelbaren Nähe! Mädchen, ich wollte gerade losgehen und meinen Heimflug umbuchen. Ich wollte auf dem schnellsten Wege nach Rosenbüttel – und dann stehst du plötzlich hier, wirklich und lebendig! Du bist hier und ich bin hier . . ."

„Und ich bin auch hier", klang die väterliche Stimme ein Stück über meinem Kopf.

„Daß paßt mir wunderbar, Herr Grather!" sagte Ingo. „Sie ahnen ja nicht, was für eine wichtige Frage ich Ihnen stellen möchte!"

„Sie denken wohl, ich bin von gestern", lachte Papa. „Wetten, daß ich ahne, was Sie fragen wollen? Aber wie dem auch sei, dies ist nicht die richtige Umgebung für wichtige Fragen. Kommen Sie mit – ach nein, der Wagen ist voll mit Filmausrüstung . . . Gehen Sie eben zu Fuß – mit oder ohne Elaine, wie Sie wollen – zum Museum, ich fahre hin, und wir treffen uns dort im Park. Einverstanden?"

„Ich bin nie in meinem Leben so einverstanden gewesen!" antwortete Ingo.

Wir gingen durch die belebten Straßen mit den vollkommen unverständlichen Straßenschildern, und ich schwebte auf rosa Glückswolken. Ingos Arm lag um meine Schultern, und er lotste mich behutsam durch den Verkehr. Er kannte sich hier aus, wußte genau, wie wir am schnellsten zum Museum kamen.

Viel sprechen konnten wir nicht in dem Menschengewühl, aber das eilte nicht! Wir hatten uns gefunden, wir waren zusammen, und der Arm um meine Schultern machte mir klar, daß Ingo mich nicht so bald wieder loslassen würde!

Hinter dem Museum war es schattig und menschenleer. Papa war noch nicht zu sehen. Zum erstenmal segnete ich die zermürbende Suche nach einem Parkplatz!

Hinter dem Museum fanden wir eine Bank. Es war still und friedlich, kein Mensch war zu sehen.

„Ingo, womit fangen wir an?" fragte ich. „Wir haben uns eine Menge zu erzählen!"

„Womit wir anfangen? Mit dem, was ich mir die ganze Zeit in Rosenbüttel wünschte!"

Dann wurde lange nichts gesagt. Wie kann man etwas sagen, wenn man den ersten und so unsagbar heiß ersehnten Kuß bekommt – und gibt?

Dann saßen wir da, dicht zusammen, ich lehnte meinen Kopf an Ingos Schulter.

„Elainchen, wenn dein Vater kommt, werde ich alles erzählen. Nur eins sage ich dir gleich: Du hattest recht. Miriam war mein Problem. Als ich heute früh deinen Brief bekam, hätte ich vor Freude und Erleichterung hochspringen und laut singen können!"

„Ingo, soll das alles bedeuten, daß du – daß du mich doch . . ."

„Was heißt hier ‚doch'? Das soll bedeuten, daß ich dich lieb habe, du Teufelsmädchen, daß ich mein altes Herz an ein halbes Kind verloren habe, daß ich dir klarmachen möchte, daß ich dich und kein anderes Mädchen haben will, und daß ich auf dich warte, bis du dein Abitur gemacht hast und volljährig bist – du bist ja erst sechzehn . . ."

„Bald siebzehn! Ich bin älter als Elisabeth von Österreich war, als sie Kaiserin wurde!"

„Und so alt wie Goethes Mutter war, als sie ihren Sohn bekam! Aber du wirst keine Kaiserin, und du kriegst bestimmt keinen genialen Sohn, du wirst nur in ein paar Jahren die Frau eines bescheidenen, ewig buddelnden Archäologen werden!"

„Ach, wird sie das?"

Ich wandte den Kopf. Hinter der Bank stand mein Vater!

Er setzte sich zu uns.

„Ich habe das Gefühl, daß wir einiges zu besprechen haben", sagte er so ruhig, als ob es ihn überhaupt nicht beeindruckt hätte, daß er Zeuge eines Heiratsantrags an seine Tochter war. „Nur ist es so, daß das Museum in einer halben Stunde für Besucher geschlossen wird, und ich werde mit Assistentin und Ausrüstung erwartet, um wertvolle Filmaufnahmen zu machen. Kommen Sie mit, Ingo – oder ist es mit euch schon so weit gediehen, daß wir uns gleich duzen können?"

„Ich glaube schon", sagte Ingo. „Tausend Dank", fügte er hinzu.

„Fein! Wir werden dann später feierlich Brüderschaft trinken. Also, kommst du mit, Ingo?"

„Ja, wenn die Leute mich reinlassen!"

„Na klar. Ich darf doch wohl zwei Assistenten mitnehmen! Also, wir haben eben noch Zeit für eine Frage: Wieso und warum bist du auf Kreta?"

„Ja, wie soll ich das kurz erklären? Also, ich startete in Rom, da machte ich die die Bekanntschaft eines Schweizer Professors, eines bekannten Archäologen. Er engagierte mich als Mitarbeiter, und dann verbrachte ich eine wertvolle Zeit mit ihm, wir haben unwahrscheinlich interessante Ausgrabungen in Italien und Ägypten gesehen; ich habe auch selbst mitgebuddelt und ein paar wirklich hochinteressante Sachen ans Licht gebracht. Na, weil der liebe Professor mir auch ein anständiges Honorar bezahlte – ach ja, nebenbei gesagt war ich auch sein Fahrer und sein Sekretär –, sparte ich also eine Menge Geld. Als ich vor drei Tagen in Gnade in Kairo entlassen wurde, konnte ich mir einen kleinen Erholungsurlaub leisten und wählte Kreta. Ich war hier schon einmal, vor ein paar Jahren und wollte gern wieder hin – ich meine hierher –, es gibt hier unwahrscheinlich viel in meinem Beruf zu studieren. Na, das war also alles, in einer Nußschale! Und ihr? Was macht ihr hier?"

„Filmaufnahmen", erklärte Papa. „Aufnahmen von Ausgrabungen, von der Natur, von malerischen alten Dörfern, von den Menschen und etwas vom Touristenverkehr."

„Und du, Elaine? Bist du nur zur Verzierung mit? Und wer macht jetzt die täglichen Filmaufnahmen von Bisken?"

„Mama natürlich! Und das mit der Verzierung will ich nicht gehört haben! Ich bin Papas unentbehrliches Scriptgirl!"

„Donnerwetter! Und wer ist euer archäologischer Führer und Fachmann?"

„Ab sofort Herr Ingo Moorhof", entschied Papa. „Falls er es für dasselbe Gehalt macht wie die Gartenarbeit im Sommer."

„Mach ich! Ach ja, einen kleinen Zuschlag muß ich schon haben!"

„Und das wäre?"

„Das feierliche, väterliche Versprechen, daß ich Elaine heiraten darf, wenn sie alt genug geworden ist!"

„Tscha", sagte Papa, „ein Archäologe als Assistent auf Kreta ist mir ja sehr wertvoll; das mit dem Versprechen ist natürlich eine Art Erpressung – aber letzten Endes bleibt mir wohl nichts anderes übrig!"

Ingo und ich

Ich erlebte die glücklichsten Tage meines Lebens.

An diesem ersten denkwürdigen Tag taten wir unsere Pflicht. Papa filmte die interessantesten Dinge im Museum. Ingo erklärte und zeigte und war gespickt mit Wissen. Er hatte Papas Kassettenrecorder umgehängt und sprach alles direkt auf Band; das würde später eine große Hilfe beim Redigieren und Vertonen des Films sein.

Und ich reichte Papa seine verschiedenen Objektive, hielt ihm die Nummernklappe vor die Kamera, ich notierte nach seinem Diktat. Es war ja nicht das erstemal für mich, ich durfte schon mit zwölf Jahren in den Alpen sein Scriptgirl sein – und kam mir natürlich sehr wichtig dabei vor! Es hatte mir immer Spaß gemacht, aber diesmal war es mehr als Spaß – ich habe diese Zusammenarbeit bewußt genossen! Alles ging glatt, alles ging mit munteren Worten und guter Laune. Und es ging schnell! Ingo war so praktisch und kannte sich so gut aus – und wie er schleppen konnte! Er trug Papas bleischweres Stativ, er schleppte Taschen und Koffer, er half, die Scheinwerfer zu montieren. Es ist etwas ganz anderes, wenn ein Berufs-Kameramann filmt, als wenn ein Laie schnell eine Achtmillimeterkamera vor das Auge hält und den Zeigefinger auf den Auslöser drückt!

Am ersten Tag kam Ingo mit in unser Hotel in Hersonnisos. Er war „obdachlos", wie er sagte. Das heißt, er hatte ein Zimmer in einem Hotel in Heraklion gehabt, das er aber nicht länger behalten konnte, und bevor er sich nach einem anderen Zimmer umsah, hatte er sich erkundigen wollen, ob er vielleicht am gleichen Tage einen Flug nach Deutschland bekommen konnte. Das alles hatte er also tun wollen – wenn er nicht im Menschengewühl am Markt plötzlich eine Stimme gehört hätte, die rief: „Guck, Papa, Bisken wie aus dem Gesicht geschnitten!"

Also, er kam mit uns nach Hersonnisos, und am Abend saßen wir gemütlich zu dritt beisammen und fragten und erzählten und brachten Klarheit in alles, das sich in diesen Monaten angesammelt hatte.

Mama mußte Papa ihre Theorie zu Ingo und Miriam erzählt haben, denn Papa war genau informiert.

Und Ingo erzählte.

„Ihr könnt euch nicht vorstellen, was für ein Häufchen Elend das arme Mädchen war, als ich es kennenlernte! Sie kam zu mir auf der Straße und stammelte etwas. Sie meinte, ich sähe so unglücklich aus. Was auch stimmte, wir hatten ja Cora verloren ... Na, euch brauche ich nicht zu erzählen, was es bedeutet, einen geliebten Hund zu verlieren – und auf diese Weise! Nun, ich begriff sehr schnell, daß sie als Vertreterin einer sogenannten ‚Sekte' da vor mir stand – mager und blaß, die Augen voller Angst. Ich hatte gerade eine Fernsehsendung über so eine ‚Sekte' gesehen. Das arme Mädchen tat mir wahnsinnig leid ... Ja, dann kümmerte ich mich um sie, und es gelang mir, sie zu ihrer Mutter zurückzubringen. Wißt ihr, was das Schrecklichste war? Sie war vollkommen willenlos, außerstande, eine eigene Meinung zu haben, konnte keinen Entschluß fassen. Sie war klein und demütig und schrecklich gehorsam. Anfangs war sie auch mir gegenüber so. Gott sei Dank, diese Hörigkeit hat sie dann von dem Anführer der Sekte auf mich übertragen. Und ich tat alles, um einen selbständigen Menschen aus ihr zu machen. Sie wurde zwar von mir abhängig, aber das war wohl in der ersten Zeit notwendig, und dann versuchte ich, anfangs sehr vorsichtig, diese Bindung zu lösen. Das war nicht leicht, denn das arme Ding hatte sich ein bißchen in mich verliebt."

„Und du?" fragte ich.

„Nein, ich nicht. Ich fand sie reizend, und sie ist ja auch sehr hübsch – aber für mich war sie irgendwie ... Ja, ich würde sagen, eine Patientin! Sie brauchte mich, und ich war frei und ungebunden, und wenn es ihr helfen konnte, sollte sie sich ruhig ein bißchen in mich verlieben. Ich glaubte, ich hätte Zeit, mich so allmählich, langsam und vorsichtig von ihr zu lösen. Dann aber stehe ich eines Tages in Rosenbüttel einem wütenden Mädchen gegenüber, das mich beschuldigte, meinen Hund ausgesetzt zu haben – und nach zehn Minuten, als sich ihr Zorn gelegt hatte, wußte ich: dieses Mädchen oder keines! Dieses Kind, sieben Jahre jünger als ich selbst, das war mein Schicksal! Und gleichzeitig mit dieser wunderbaren Gewißheit kam das Problem: Wie erkläre ich dies Miriam? Wie kann ich sie von mir lösen? Und zwar so, daß wir immer Freunde bleiben? Denn Freundschaft empfinde ich für sie; als Kamerad habe ich sie richtig gern."

„Und sie dich!" rief ich. „Miriam und ich sind auch ganz dicke Freundinnen!"

„Ja, siehst du, ich hatte es verdammt schwer in der Zeit bei euch! Am liebsten hätte ich dich gleich in die Arme genommen und dich gebeten, auf dich warten zu dürfen, bis du alt genug bist – aber ich konnte es nicht! Verstehst du, daß ich zuerst alles mit Miriam klären mußte?"

„Ich verstehe es jedenfalls", sagte Papa. „Darf ich dir bei dieser Gelegenheit sagen, daß du ein prima Kerl bist?"

„Darf ich ‚danke, gleichfalls' antworten?" erwiderte Ingo. „Nun ja, dann kannst du dir vielleicht denken, was ich empfand, als ich deinen Brief bekam. Übrigens kriegte ich gleichzeitig einen von Miriam. Herrgott, wie freue ich mich für sie! Ich freue mich für sie – und für mich!"

„Du kannst dich ruhig auch ein bißchen für mich freuen", meinte ich. „Übrigens, du wirst Miriam nicht wiedererkennen, wenn du sie – wahrscheinlich recht bald – triffst. Sie ist ein neuer Mensch, sie ist frei und sicher geworden, keine Spur von ängstlicher Hörigkeit mehr!"

„Dank euch", nickte Ingo.

„Dank dir", meinte ich.

„Sagen wir lieber, dank Daniel", lächelte Papa.

Ingo blieb in unserem Hotel. Papa hatte ein Doppelzimmer, und Ingo zog zu ihm. Und dann fing diese herrliche Woche an! Wir waren jeden Tag unterwegs; nach Knossos mit den hochinteressanten Ruinen des vorsteinzeitlichen minoischen Palastes, zu dem kleinen, abseits gelegenen Bergdorf Kritsa, mit dem Motorboot von Agios Nikolaos nach der Insel Spinalonga. Überall waren Spuren einer Welt, die vor mehreren tausend Jahren existiert hatte. Und überall Ingos Erklärungen, die das Ganze noch interessanter machten.

Dann folgten ein paar Abstecher zu verschiedenen mondänen Hotels und populären Touristenzentren. Am allerschönsten fand ich die kleinen, engen, einsam gelegenen Dörfer, die noch so friedlich und unberührt vom hektischen Leben waren. Ich erinnere mich besonders gut an das Dorf Gouves. Papa hatte das Auto geparkt, und wir gingen das letzte Stück zu Fuß, um uns zu orientieren. Am Rande des Dorfes, zwischen niedrigen, weißgetünchten Häusern, kam uns eine alte, schwarz gekleidete Frau entgegen. Sie trug ein Brot in den Händen. Als sie uns sah, blieb sie stehen, lächelte, sagte ihr freundliches „Kali mera", was so viel wie „Guten Morgen" bedeutet, brach drei kleine Stückchen von dem Brot ab und reichte sie uns. Das war eine so entzückende Geste, es tat uns nur so leid, daß wir mit der freundlichen Alten nicht sprechen konnten!

Kurz danach sahen wir sie wieder. Wir waren am Dorfplatz, der kaum größer als der Vorgarten eines bescheidenen Reihenhauses war. Da gab es eine Mini-Wirtschaft, und davor saßen an kleinen Tischchen mehrere Dorfbewohner mit ihren Gläsern. Zentrum der Runde war der griechisch-orthodoxe Priester. Er müßte doch irgendeine Fremdsprache können, er müßte doch der alten Frau, die gerade in den Laden ging, ausrichten können, wie reizend wir ihren Empfang fanden!

Aber Papa versuchte es auf deutsch und auf englisch, Hochwürden schüttelte nur den Kopf. Doch dann mischte sich ein junger Mann ins Gespräch. Ob wir französisch verständen?

Ich ergriff das Wort, der junge Mann lächelte, holte die alte Frau und übersetzte – anscheinend wortreich und sehr ausführlich. So bekamen wir etwas Kontakt mit den Leuten, gleich saßen wir auch an einem Tisch und unterhielten uns durch den Dolmetscher mit Hochwürden und den anderen. Als es ans Filmen ging, hatten wir plötzlich zwanzig Hände, die sich darum stritten, die Filmausrüstung zu tragen, und Papa machte ein paar schöne Aufnahmen. Die alte Frau war bereit, ihren Willkommensgruß mit dem Brot zu wiederholen, Ingo und ich mußten Touristen spielen. Zuletzt durfte ich auf einem Esel zweimal um den Dorfplatz reiten! Die Dorfbewohner lachten laut vor Vergnügen!

Am nächsten Tag fuhren wir wieder in die Berge, zu einem Handarbeitszentrum, einem Dorf namens Anoya. Ja, hier hätte Mama sein sollen, sie, die so viel von Handarbeit versteht! Da waren herrliche gestrickte und gestickte Dinge aus Wolle und Baumwolle; alles war dekorativ im Freien aufgehängt, so daß die Touristen gleich die ganze Auswahl vor Augen hatten. Drinnen in den Läden, oder vielmehr in den Werkstätten oder Wohnungen war es sehr eng. Die meisten

Familien schienen in einem einzigen Zimmer zu wohnen, da wurde auch gewebt, gestrickt, gekocht, geschlafen – und verkauft! Wir betraten so ein Zimmer – die Tür zur Straße stand weit auf, damit die Touristen leichter angelockt werden konnten –, da saß eine junge Frau am Webstuhl, ein Mädchen strickte, eine ältere Frau kochte, und in einem Bett in der Ecke lag der Großvater, vielleicht war es auch der Urgroßvater. Er war krank, erklärte uns die Frau am Webstuhl mit Hilfe der Fingersprache und wenigen deutschen Worten.

Und immer strahlte die Sonne – wir hatten unfaßbares Glück mit dem Wetter, und das Leben war so schön, so unsagbar schön!

Wir aßen in kleinen, bescheidenen Tavernen. Es gab immer etwas anderes, aber eins hatten sie immer: Joghurt mit Honig! Oh, dieser wunderbare Joghurt aus Schafsmilch und der schöne, goldgelbe Honig! Ich habe es morgens, mittags und abends gegessen!

Die Zeit verging viel zu schnell.

Am Sonntag mußten wir zurückfliegen. Freitag abends erklärte Papa, daß wir – Ingo und ich – am Samstag frei hätten. Er sei ein alter Mann (Ingo und ich grinsten!) und brauche endlich seine Ruhe, er möchte jedenfalls für ein paar Stunden die lästige Jugend los sein!

Die lästige Jugend ließ sich das nicht zweimal sagen. Am nächsten Morgen fuhren wir mit dem Bus nach Heraklion, und Ingo zog mich zielbewußt mit zum Markt, an Obst, Kuchen, Haushaltswaren, Fleisch und Stickereien vorbei und zu dem kleinen Tisch mit den unwahrscheinlich kitschigen Steingutsachen.

„Gott sei Dank!“ sagte Ingo. „Der Teller ist noch da!“

Ja, da hing er noch, mit seinem Kranz von Gold, Silber und Blumen – und mit dem Hundekopf, der Bisken so unglaublich ähnlich sah!

Er kostete einen ganzen Haufen Drachmen, und Ingo bezahlte, ohne zu handeln.

„Bitte schön“, sagte Ingo. „Geschenk für dich! Ich will nicht behaupten, daß er zu eurem Service paßt, aber du kannst ihn ja im Klo aufhängen!“

„Kommt nicht in Frage! Ich hänge ihn in mein Zimmer! Und an

seinem Geburtstag kriegt Bisken ganz feierlich ein besonders schönes Geburtstagsessen darauf serviert!"

Ich freute mich wirklich über den scheußlichen Teller.

„Klar, daß ich ihn kaufen mußte!" erklärte Ingo. „Ohne den Teller hätten wir uns hier auf Kreta vielleicht gar nicht getroffen!"

Dann fuhren wir zurück nach Hersonnisos, ich brachte meinen Steingutschatz im Hotel in Sicherheit, und wir wanderten zu Fuß zu einem anderen, viel eleganteren Hotel, bei dem man Reitesel mieten konnte.

Ingo wählte das größte und kräftigste Tier, ich bekam eine kleinere, hübsche Stute. Es war ein komisches Gefühl, in dem primitiven Sattel auf dem Rücken eines so kleinen Tieres zu sitzen! Ich versuchte wie die Einheimischen seitlich zu sitzen und entdeckte, daß es sehr bequem war. Dann trotteten unsere Eselchen mit uns los, immer an der Küste entlang. Die Sonne strahlte, und ich war glücklich – zum Rand voll mit Glück. Es war ein Glück, so groß, wie ich es in meinem Leben noch nie gekannt hatte.

Ich war so glücklich, daß ich keine Worte hatte. Was bei mir außerordentlich selten der Fall ist.

Unsere Eselchen gingen brav nebeneinander, und das einzige Geräusch um uns her waren die kleinen Wellen, die gegen den Strand glucksten. Die Wellen des blauen, sonnigen Ägäischen Meeres.

„Woran denkst du, Elainchen?"

„An dich und an uns und an die Zukunft!"

„Und wie stellst du dir die Zukunft vor?"

„Schön natürlich! Wunderbar! Du und ich und Bisken in meinem Haus . . ."

„Und deine Eltern? Willst du sie rausschmeißen?"

„Nein, das will ich nicht! Siehst du, sie müssen ja früher oder später doch eine Stadtwohnung haben, wahrscheinlich müssen sie irgendwann zurück nach Frankfurt. Aber wir wollen es so lassen, wie es jetzt ist, jedenfalls bis ich mit der Schule fertig bin und anfangen kann, Geld zu verdienen."

„Oder einen Mann hast, der Geld verdient! Jedenfalls so viel, daß er die Steuern zahlen kann . . .“

„. . . und die Hundesteuer! Denn Bisken gehört mir!“

„Der gesegnete Bisken“, sagte Ingo. „Ist dir klar, wieviel wir Bisken zu verdanken haben? Ohne ihn hätte ich keinen Grund gehabt, im Sommer so lange bei euch zu bleiben – hätte nicht die Gelegenheit gehabt, das kleine Mädchen kennenzulernen, in das ich mich restlos verliebt habe. Was für ein Glück, daß Bisken damals noch zu klein war, um von seiner Mutter getrennt zu werden!“

„Das kann man wohl sagen! Ach, Ingo, ich habe mich ja auch so hoffnungslos in dich verliebt – und ich wartete darauf, daß du – daß du . . .“

„Was glaubst du, hat es mich gekostet, das nicht zu tun, worauf du wartetest? Aber Lillepus – ich konnte dir ja nicht sagen: ‚Ich liebe dich, Kleine, ich muß nur zuerst ein anderes Mädchen loswerden.‘ Es war verdammt schwer, Lillepus!“

Ich lächelte.

„Weißt du, daß es das erstemal ist, daß du mich ‚Lillepus‘ nennst? Als ich zehn Jahre alt war, verlangte ich, daß meine Eltern mich Elaine nennen sollten. Nur Tante Elsbeth durfte mich immer Lillepus nennen.“

„Und jetzt?“ fragte Ingo, und seine Stimme war ganz leise und voll Zärtlichkeit. „Darf es *jetzt* niemand?“

„Doch, Ingo“, flüsterte ich, *„du* darfst es!“

Schutzumschlag und Illustration: Nikolaus Moras
Bestellnummer: 8027

München – Wien
ISBN 3 505 08027